현지에서 상주하는 여행자가 직접 쓴 배낭여행 가이드북

LOVE, CROATIA

러브, 크로아티아
Guidebook

I Zagreb I Plitvice I Zadar I Splite I Dubrovnik I Korcula I VislHvar I Tour I Stopover I

CONTENTS

| 알찬 크로아티아 여행정보! |

01
여행준비 · 5
- 준비물 체크

02
여행자의 눈으로 본 크로아티아 · 6

03
크로아티아 · 11
- 크로아티아 전체지도
- 크로아티아 소개
- 크로아티아 맛있게 보기! '부렉'

04
자그레브 · 17
- 자그레브 미리 알아두기
- 자그레브 소개
- 자그레브 교통
- 자그레브 세부지도
- 무엇을 볼까
- 크로아티아 재미있게 보기! '디나모 자그레브'
- 어디서 먹을까
- 숨은 명소 찾기 'Jarun Botanical Garden'
- 어디서 잘까
- Love,Croatia 추천 자그레브 여행!
- 크로아티아 멋있게 보기! '넥타이'

05
플리트비체 · 42
- 플리트비체 미리 알아두기
- 플리트비체 소개
- 플리트 비체 코스안내

06
자다르 · 50
- 자다르 미리 알아두기
- 어디서 먹을까
- 어디서 잘까
- 자다르 소개 / 교통
- 자다르 세부지도
- 무엇을 볼까
- Love,Croatia 추천 자다르 여행!

07
스플리트 · 68
- 스플리트 미리 알아두기
- 스플리트 소개
- 스플리트 교통
- 스플리트 세부지도
- 무엇을 볼까
- 스플리트 파헤쳐보기!
  '디오클레티아누스'
- 어디서 먹을까
- 어디서 잘까
- Love, Croatia 추천
  스플리트 여행!

08
두브로브니크 · 90
- 두브로브니크 미리 알아두기
- 두브로브니크 소개
- 두브로브니크 교통
- 두브로브니크 세부지도
- 무엇을 볼까
- 두브로브니크 기념품 보기!
  '장미크림'
- 어디서 먹을까
- 어디서 잘까
- 숨은 명소찾기
  '로크룸 섬'
- Love, Croatia 추천
  두브로브니크 여행!

09
아드리아해의 환상적인 섬들 · 115

코르츌라 섬 · 117
- 코르츌라 섬 소개/교통
- 무엇을 볼까
- 어디서 먹을까
- 어디서 잘까
- 코르츌라 섬 세부지도
- 코르츌라 파헤쳐 보기!
  '마르코 폴로'

흐바르 섬 · 125
- 흐바르 섬 소개
- 흐바르 섬 세부지도
- 무엇을 볼까
- 어디서 먹을까
- 어디서 잘까

비스 & 비세보 섬 · 131
- 비스 & 비세보 섬 소개
- 비스 지역 세부지도
- 코미자 지역 세부지도
- 무엇을 볼까
- 어디서 먹을까
- 어디서 잘까

믈옛 섬 · 139
- 믈옛 섬 소개 / 무엇을 볼까
- 어디서 먹을까 / 어디서 잘까

10
STOPOVER · 142
- 러시아 모스크바
- 독일 프랑크 푸르트
- 영국 런던

11
Thanks to · 159

12
러브크로아티아 투어 (별책) · 162
- 플리트비체 1일투어
- 슬로베니아 1일투어
- 크로아티아 7박 8일 일주
- Korean Yacht Week
- 몬테네그로 1일투어
- 스르지산 투어
- 챠브타트 야경투어
- 모스타르 투어

13
러브크로아티아 지점 안내 · 174
- 자그레브 점
- 두브로브니크 점
- 스플리트 점
- 코르츌라 점

14
배낭여행자를 응원합니다 · 180

여행준비

· CHECK LIST ·

- ☐ 여권 / 항공권
- ☐ 보조 가방
- ☐ 운동화 / 아쿠아슈즈
- ☐ 여행자 보험증
- ☐ 멀티 어답터
- ☐ 수영복
- ☐ 현지/한국 돈
- ☐ 비상약
- ☐ 옷 / 양말 / 속옷
- ☐ 지도 / 책
- ☐ 세면도구
- ☐ 우산
- ☐ 휴대폰 / 충전기
- ☐ 수건
- ☐ 빗
- ☐ 카메라
- ☐ 화장품
- ☐ 안경
- ☐ 메모리카드
- ☐ 모자
- ☐ 여성용품
- ☐ 보조 배터리
- ☐ 선글라스
- ☐ 개인용품
- ☐ _____
- ☐ _____
- ☐ _____

· TO DO LIST ·

- ☐ _____
- ☐ ex) 숙소예약하기, 환전하기, 비행기티켓예약하기, 예방접종하기, 핸드폰 로밍하기
- ☐ _____
- ☐ _____
- ☐ _____
- ☐ _____
- ☐ _____
- ☐ _____

여행자의 눈으로 본 크로아티아!

변기영 (24, 대학생)

지난 여름, 큰 기대를 안고 유럽으로 60일간의 배낭여행을 떠났다. 처음에 크로아티아는 그저 한국 방송에서 한 번 나왔던 유명세를 잠깐 얻은 나라로만 알고있어서 별 기대없이 자그레브에 도착했다. 작은 기대감이 무색해질 정도로 크로아티아는 로맨틱함과 편안함을 갖춘 동유럽의 나라였다. 흔히들 크로아티아에서 꼭 가야 할 곳으로 플리트비체, 두브로브니크, 스플리트를 꼽는다. 나 역시 기본적으로 3개의 주요 관광지를 갔지만, 여기 말고도 더 좋은 더 예쁜 숨겨진 도시들이 많겠구나…라는 생각이 들 정도였다. 요즘 한국에서는 흔히들 이런 크로아티아를 신혼여행지로 자주 오는데 나 또한 신혼부부를 많이 만났고 크로아티아에서 사랑과 로맨스에 대해 더 깊이 생각하게 되는 시간을 가졌다. 혼자 여행하기도 좋지만, 나중에는 꼭 사랑하는 사람과 함께라면 더 좋았을 크로아티아…. 겨울보단 여름이 더 예쁜 동유럽의 크로아티아로 모든 여행객들의 마음에 자리하길 기도해본다.

이윤희 (23, 직장인)

크로아티아는 정말 가는 곳 마다 영화 속 한 장면 같았다. 방문하는 도시들마다 아름다운 자연, 웅장한 건물들이 눈을 즐겁게 해주었다. 각각의 도시는 비슷한듯 다른 각자의 매력이 있다. 도시들은 편안하고 여유로움이 묻어나서 내 마음도 정화가 많이 되었다. 휴양지로서 내가 가 본 곳 중에서는 최고의 나라가 아닐까 싶다. 죽기전에 꼭 다시 가고 싶다 크로아티아!

이유경 (29, 직장인)

세계는 한권의 책과 같아서 여행하지 않는 자는 오직 그 책의 한 페이지만 읽는 것과 마찬가지이다.' 라는 명언처럼 이 책은 세계라는 한권의 책을 읽어내려가려는 당신에게 책갈피 역할을 해줄 것이다. 파란 하늘에 하얀 구름, 그보다 더 푸른 바다에 새하얀 파도가 너무 아름다운 곳. 아름다운 아드리아해와 아드리아해의 진주라고 불리우는 곳 "크로아티아". 이 페이지를 읽을 준비가 되었다면 나그네를 위해 적혀진 이 책이 도움이 될 것이다.

김민경 (29, 사업)

29, 고민 끝에 다니던 직장을 뒤로 한채 떠난 유럽 여행 그 중 크로아티아는 여행플랜 마지막 단계에서 급 수정되어 추가로 가게된 나라였다. 작은 공항에서 버스를 타고 언덕을 지나 가면 창밖으로 펼쳐진 동화 속에 나올 것 같은 빨간지붕으로 덮인 두브르브니크가 보였고, 하루종일 눈을 감게 만드는 음악과 나를 돼지로 탄생시켜준 음식과 맥주들 ..감동 그 자체였다. 그 중 최고는 가족이 뼈저리게 생각나게 만들었던 요정의 숲 플리트비체였다. 영화 '아바타'의 모티브가 되었다고 해서 유명세를 탔었던 곳 답게 정말 너무 멋있었다. 소름 돋도록 맑은 물과 돌담길 다리.. 아직도 나의 카메라 메모리의 반을 차지하는 크로아티아 여행의 기록. 남녀노소 누구에게나 추천하고 싶은 모든 면을 다 가진 욕심쟁이 크로아티아라는 생각이다.

임해창 (22, 학생)

유네스코 자연유산인 플리트비체와 아드리아 해의 진주라 불리는 두부르브니크에 대한 기대를 가지고 떠난 크로아티아! 크로아티아는 나의 기대 이상만큼 위에서 내려다봐도 밑에서 올려다봐도 아름다웠다. 사람들은 부담스러울 정도로 착하고 대성당의 웅장함에 감정이 몰입되고, 스르지산과 성벽에서 내려다보는 구시가지는 그 동안 막혀왔던 숨통을 뚫어 주었다. 크로아티아에서 한국인과의 만남은 큰 인연이 되어 인맥의 장이 되기도 했다. 기회가 된다면 꼭 다시 찾아가고 싶은 나라로 생각되는 곳 크로아티아! 크로아티아에서 아이스크림과 피자 그리고 송어 정도는 기본으로 먹어주는 센스를! 부모님께는 넥타이와 장미크림의 선물은 잊지 말자!

이상혁 (26, 직장인)

친형과 같이 5주 동안 가을에 유럽여행을 떠났다. 동유럽국가에서는 헝가리 다음으로 크로아티아라는 나라를 관광했는데, TV에서 보고 정말 눈부시고 아름다워서 가보고 싶은 마음이 컸었고 기대 또한 컸었다. 기대를 저버리지 않았다. 날씨도 다른 나라에 비해 더 뜨겁고 햇빛이 강렬하며 왜 유럽인들의 휴양지이며 지상낙원이라고 부르는지 이해가 갔다. 두브로브니크 같은 경우에는 바다를 끼고 있어 항상 시원한 느낌을 받았다. 일정이 촉박해서 카약체험을 못한 것이 아쉽지만 구시가지 안에 있는 한식당을 이용하고 나서 기분이 풀렸다. 한식이 먹고 싶었지만 크로아티아에서 찾아볼 수 없었는데 두브로브니크에서 발견한 한식당이 기억이 남았다. 구시가지 속 한식당을 꼭 방문하길 바란다.

문예지 (23, 대학생)

크로아티아는 유명한 관광지를 찾아다니지 않아도 지나가는 모든 것들이 아름답고 보석같은 곳이었다. 내겐 아드리아해를 따라 자전거를 타고 가다 아무도 없는 아름다운 해변을 발견했을 때가 여행 중 가장 행복했던 시간이었던 것 같다. 보는 여행이 아닌 걷던, 자전거를 타던 직접 느끼는 여행을 하길 바란다. 아드리아해의 숨어있는 진주같은 곳들을 발견하는 기쁨을 느낄 수 있을 것이다.

이상준 (28, 대학생)

동유럽을 여행하고 남쪽으로 내려간 나라 크로아티아. 여행을 하면서 피곤했던 몸을 잠시나마 힐링했던 나라로 기억한다. 자그레브와 두브로브니크 두 도시는 편하게 산책하듯이 여행하기에 딱 좋은 도시로 알맞다. 유명장소나 관광명소가 붙어있어 금방 구경할 수 있다는 장점! 플리트비체나 스플리트도 가고 싶었지만 일정상 못가서 아쉬웠던 부분을 두브로브니크에서 다 풀었다. 내게 크로아티아를 한마디로 표현하자면, 자그레브는 광장을 중심으로 펼쳐진 도시! 두브로브니크는 올드타운! 크로아티아는 긴 영토가 해안선 따라 쭉 뻗어서 아드리아해의 아름다움을 제대로 느낄 수 있었던 나라!

최규형 (23, 대학생)

나의 한달 배낭여행중 11일을 차지했던 크로아티아, 탁월한 선택이었다.
어디든 높은 곳만 올라가면 펼쳐지는 수많은 빨간 지붕들. 해질녘 석양에 비친모습은 아직도 잊을 수가 없다. 때묻지 않은 자연을 아직 간직하고 있는 크로아티아의 절경은 사진으로는 절대 다 표현 할 수 없을 것 같다. 도시들이 다 조그마해서 걷는 여행을 해보는 것을 추천한다. 크로아티아의 붉은 매력에 푹 빠져보길 바란다.

홍진우 (29, 직장인)

작년 8월 중순. 크로아티아 아드리아해에서 열리는 요트위크를 일 주일 가량 다녀왔다. 크로아티아에서는 봄부터 가을까지 요트를 타고 다니며 여행자들끼리 서로 교류할 수 있는 조금 특별한 여행방식이 존재했다. 육로에서 벗어나 아드리아해를 통해 여행을 하며 보는 크로아티아의 모습은 굉장히 인상적이었다. 일생에 한 번을 탈까말까한 요트 위에서 보는 아드리아해의 모습, 자연의 모습을 간직한 섬들을 여행하고 선상파티까지. 단순한 배낭여행에서 벗어나 특별한 경험을 하고 싶은 여행자들은 요트여행 같은 색다른 테마의 여행도 크로아티아에 많으니 찾아서 해 보는 것도 좋을 것 같다.

이승원 (28, 배우지망생)

대학교 2학년 때 서유럽으로 배낭여행을 갔었는데, 그 때가 2007년이었다. 너무 한국사람들이 많아 거긴 한국 같았던 기억이 난다. 그런데 이번 여름에 갔던 크로아티아에서는 아직도 아시아인인 나를 신기하게 쳐다보는 모습에서 묘한 느낌이 들었다. 한적하게 쉬다오기 좋고, 그냥 뭐랄까, 마음의 평화를 얻을 수 있는 거 같다.

고기은 (30, 직장인)

20대 끝에서 만난 크로아티아! 29살 생일을 자그레브와 플리트비체에서 맞이하는 기쁨을 만끽할 수 있었다. 새로운 인연들이 축하해주는 생일이라서 더욱 특별했다. 수고한 내 20대에게 주는 커다란 선물과도 같았던 여행이다. 혹시 여행을 망설이고 있는가? 갈까말까 고민하는 그 시점이 바로 떠날 때다. 용기있게 떠나야만이 새로운 나를 발견할 수 있다.

김선우 (23, 대학생)

크로아티아로 떠난 내 생에 첫 유럽여행. 걱정과 다르게 크로아티아 사람들은 따뜻하고 친절했다. 우리나라를 닮아 익숙하면서도 이국적인 풍경 속에서 일상에 있는 듯 편안한 기분과 함께 여행이 주는 설렘과 자유로움도 느낄 수 있었다. 여행을 통해 만난 소중한 인연들까지, 여행의 모든 순간이 잊지못할 추억이 되었다.

이정훈 (26, 대학생)

플리트비체의 폭포, 두브로브니크의 석양은 아직도 눈에서 아른 거린다. 여름에 크로아티아에 가까면 꼭 수영복을 챙기고 두브로브니크의 부자카페에서 다이빙의 재미를 느끼길 바란다. 아, 그리고 크로아티아 여행은 자그레브에서 두브로브니크까지 지도 아래 방향으로 내려가면서 하는 것을 추천한다. 두브로브니크가 크로아티아 여행의 하이라이트라고 생각한다. 강추!
플리트비체의 폭포, 두브로브니크의 석양은 아직도 눈에서 아른 거린다. 여름에 크로아티아에 가까면 꼭 수영복을 챙기고 두브로브니크의 부자카페에서 다이빙의 재미를 느끼길 바란다. 아, 그리고 크로아티아 여행은 자그레브에서 두브로브니크까지 지도 아래 방향으로 내려가면서 하는 것을 추천한다. 두브로브니크가 크로아티아 여행의 하이라이트라고 생각한다. 강추!

유럽의 숨은 보석, Croatia

크로아티아
; Croatia

크로아티아 지도

유럽의 숨은 보석
크로아티아, CROATIA

유고슬라비아 공화국에서 독립한 남유럽에 위치한 국가이다. 크로아티아는 아드리아해 옆쪽에 위치하고 있으며, 북쪽으로는 헝가리, 북서쪽으로는 슬로베니아, 동쪽으로는 세르비아와 몬테네그로, 남동쪽으로는 보스니아 & 헤르체고비나와 접해 있다. 한국의 역사와 비슷하게 지리적인 이유 때문에 독립을 향한 외세와의 오랜 투쟁과 끊임없는 대립으로 크로아티아는 보석 같은 여행지로 잡기 위해 엄청난 노력을 기울여야 했다.

지난 수십 년간 끝없는 노력과 성과 끝에 크로아티아는 유럽에서 가장 인기 있고 사랑 받는 휴양지로 자리매김하고 있다. 특히 중세 크로아티아의 향기가 남아 있는 두브로브니크와 로비니, 로마시대 최고의 유적들이 가득한 스플리트, 천혜의 아름다움을 고이 간직한 플리트비체 등은 환상적인 날씨와 해변과 함께 전세계 여행자들에게 보석보다 빛나는 아름다움을 간직한 여행지로 각광받고 있다.

국가명	크로아티아 공화국(Republika Hrvatska)
언어	크로아티아어(관광지에 한해 기본적인 영어가능)
수도	자그레브(Zagreb)
면적	56,594㎢ (대한민국의 약 55% 면적)
비자	대한민국 국민은 관광의 경우 90일간 무비자
통화	HRK로 표기. – 1쿠나(Kn) = 약 180원 = 0.13유로(Euro) = 0.16달러(USD) – 동전은 1,2,5쿠나와 LIPA가 있으며 (100LIPA =1Kn), 지폐는 5쿠나부터 1,000쿠나까지 있다.
시차	한국보다 8시간 느리다.(-8). 서머타임에는 7시간 시차.
전압	220V (한국과 동일)
종교	카톨릭 (약 90%), 세르비아정교 (약 5%)
운전	우측통행. 운전석은 차량 왼쪽. (한국과 동일)
여행시기	성수기: 7,8월 / 비수기: 11-4월/ 5-9월이 여행하기 좋은 날씨!

국기

크로아티아 국기의 붉은색, 흰색, 파란색은 크로아티아를 상징하는 색이다. 가운데 문장은 크로아티아의 국장으로 이 체크문양의 국장은 16세기 크로아티아 왕국의 상징이었다. 체크 문장 위에 있는 다섯 가지 문장은 크로아티아의 각 지방을 의미하며 왼쪽부터 구 크로아티아, 두브로브니크, 달마치아, 이스트리아, 슬라보니아 지방을 뜻한다.

공휴일

날짜	기념일
1월 1일	신년
1월 6일	예수공현 축일
4월 20-21일	부활절(매년 날짜 바뀜)
5월 1일	노동절
6월 19일	예수성체 축일(매년 날짜 바뀜)
6월 22일	반 나치 투쟁기념일
6월 25일	건국기념일
8월 5일	승전의 날
8월 15일	성모승천 축일
10월 8일	독립기념일
11월 1일	만성절
12월 25-26일	크리스마스

☀ 날씨

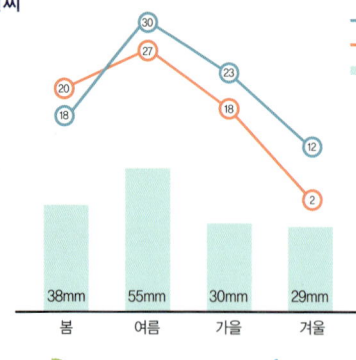

크로아티아 날씨는 한국과 비슷한 사계절을 지녔지만 여름은 덜 덥고 겨울은 덜 춥다. 한국의 계절별로 착용하는 옷을 가져오면 큰 무리가 없다.

봄(3월~4월)
전체적으로 서늘한 날씨지만 대체적으로 일교차가 심하다. 해가 지면 쌀쌀하니 항상 외투는 소지하고 다니는 게 좋다. 두브로브니크,스플리트 등 해안도시들에서는 완연한 봄 날씨를 느낄 수 있다.

여름(5월~8월)
여행하기에 가장 좋은 날씨로 내륙지역과 해안지역 모두 서늘하고 따스한 날씨를 보인다. 가벼운 반팔 옷으로 충분한 날씨이다.

가을(9월~11월)
우리나라의 가을과 마찬가지로 대체적으로 일교차가 심하다. 내륙지역은 우리나라의 가을 옷차림이면 충분하다.

겨울(12월~2월)
한국의 초겨울에 해당된다. 해안지역은 늦가을의 날씨지만 내륙지역은 우리나라 겨울만큼 기온이 내려가 두툼한 옷을 챙겨야 한다.

🚗 치안

대체적으로 안전하다. 자그레브에서는 밤에 돌아다녀도 안전하다고 느낄 정도이다. 하지만 간혹 동양인이나 혼자 다니는 여행자에게 시비를 거는 경우도 있으니 옷차림과 행동에 주의하는 것은 잊지 말 것.

✨ 주의사항

- 구시가지는 일방통행위주로 노상주차가 심하고, 자동차들의 질주가 심하여 보행 시 조심해야 한다.
- 수돗물에 석회가 많이 함유되어 있으나 현지인들은 식음을 한다. 외국인들은 생수를 구입한다.
- 안내표지가 대부분 크로아티아어로 되어있다.
- 자동차 여행의 경우 근처 슬로베니아, 오스트리아, 헝가리 등 EU 가입국 입국 시 국경 체크포인트에서 여권 등 여행증명서와 세관검사가 있다.
- 여름에 여권, 여행자 수표, 신용카드, 비행기티켓 등 도난, 분실사고가 빈번함으로 각별한 주의가 필요하다.
- 크로아티아 도시간 이동은 '버스'가 주요교통수단이다. 모든 도시들의 시가지와 멀지 않은 곳에 터미널이 위치해있다. 버스시간확인은 http://www.autobusni-kolodvor.com/en/timetable.aspx 에서 가능하다.

🏦 환전

- 자그레브에 은행과 환전소는 구시가지에 많이 있으며, 한 가지 팁은 은행이 사설 환전소보다 환율이 좋다.
- 시내 곳곳에 24시간 ATM이 있어 편리하다.
- 반 옐라치치 광장 동쪽 Jurisiceva 거리 역 오른쪽에 있는 24시간 중앙우체국에서도 환전이 가능하다.

🍴 전통음식

크로아티아의 음식은 주변국인 헝가리, 오스트리아, 이탈리아, 터키 등의 영향을 많이 받아 여러 특징을 가진다. 해안지방의 음식과 내륙지방의 음식으로 나눌 수 있는데, 해안 지방의 음식은 해산물요리가, 내륙지방은 육류요리가 발달한 점이 눈에 띈다. 이와 함께 다양한 지역별 제철 야채와 채소를 사용하여 음식을 만든다.

크로아티아의 음식을 한마디로 줄이면 '짜다'는 표현을 쓸 수 있다.

츠르니 리조또(Crni rizoto) : '검은 리조또' 라는 뜻으로 오징어 먹물리조또 라고 보면 된다. 해안지방에서 인기가 있으며 치즈를 뿌려먹기도 한다.

타르투피(Tartufi) : 송로버섯을 뜻하며, 이스트리아 지역의 송로버섯은 맛과 향이 뚜렷하여 세계적으로 유명하다. 피자, 리조또, 파스타 하물며 오믈렛에까지 다양한 음식들의 재료로 쓰인다.

부렉(Burek) : 고기와 치즈가 들어간 여러 층이 겹겹이 쌓인 전통파이.

리그네(Lignje) : 우리나라의 오징어 튀김.

피로스크(Pirosk) : 치즈 도넛. 자그레브의 대표음식.

)중요전화번호 📞

- 긴급출동서비스 1987
- 국가번호 385
- 국제 접속번호 00
- 국제전화번호안내 11802
- 현지전화번호안내 11880
- 일반 정보 18981

크로아티아 맛있게보기!

크로아티아 사람들의 주전부리, 부렉(Burek)

크로아티아를 여행하는 여행자들이 가장 많이 찾을 수 있는 것 중 하나는 베이커리이다. 크로아티아 사람들은 식사에 빵을 곁들여 먹는 것을 즐기고 특히 아침, 점심은 간단하게 베이커리에서 빵을 사서 먹으면서 돌아다니는 경우를 많이 볼 수 있다. 그만큼 베이커리도 많고 빵도 많고 빵 가격도 매우 저렴하다. 이렇게 흔히 볼 수 있는 베이커리에는 크로아티아를 여행하는 여행자라면 누구나 한 번 이상 꼭 접해 봤을법한 크로아티아 대표음식이 있다. 크로아티아 어디를 가던지 크로아티아 사람들의 간단하면서도 훌륭한 한 끼 식사로 사랑 받는 음식, 바로 부렉(Burek)이다. 파이처럼 얇은 반죽에 치즈, 고기, 시금치, 사과 등을 반죽과 교차로 겹겹이 쌓아 만든 파이와 만두의 중간 정도에 위치하는 전통 빵이다. 그 중에서 대표적인 부렉으로는 Burek sa sirom과 burek sa mesom이 있다.

Burek sa sirom은 치즈부렉이라고 불리며 부렉 안에 바삭바삭한 치즈가 들어가 부드럽고 바삭한 맛을 동시에 느낄 수 있다. Burek sa mesom은 고기부렉이라고도 불리는데 쉽게 말해 고기만두와 비슷한 맛을 느낄 수 있다.

부렉은 크로아티아의 사랑 받는 대표적인 서민 음식이다 보니 가격도 저렴하고 어디서든 팔 수 있어서 여행자들에게도 많은 사랑을 받고 있다. 우리가 쉽게 볼 수 있는 프랜차이즈 베이커리로는 Panpek, Mlinar, Klara 등이 있는데 손바닥만한 부렉의 경우 단돈 7쿠나 내외면 살 수 있다. 한국 돈으로 1,000원이 조금 넘는 금액과 만두나 페스츄리 같은 우리에게 익숙한 맛. 거기에다 손바닥만한 녀석 하나면 든든히 배까지 채울 수 있는 것까지. 부렉, 솔깃하지 않을 배낭여행자가 있겠는가? 당장 베이커리로 가서 '부렉!'을 외쳐보자.

크로아티아의 첫 관문– 수도, Zagreb

자그레브
;Zagreb

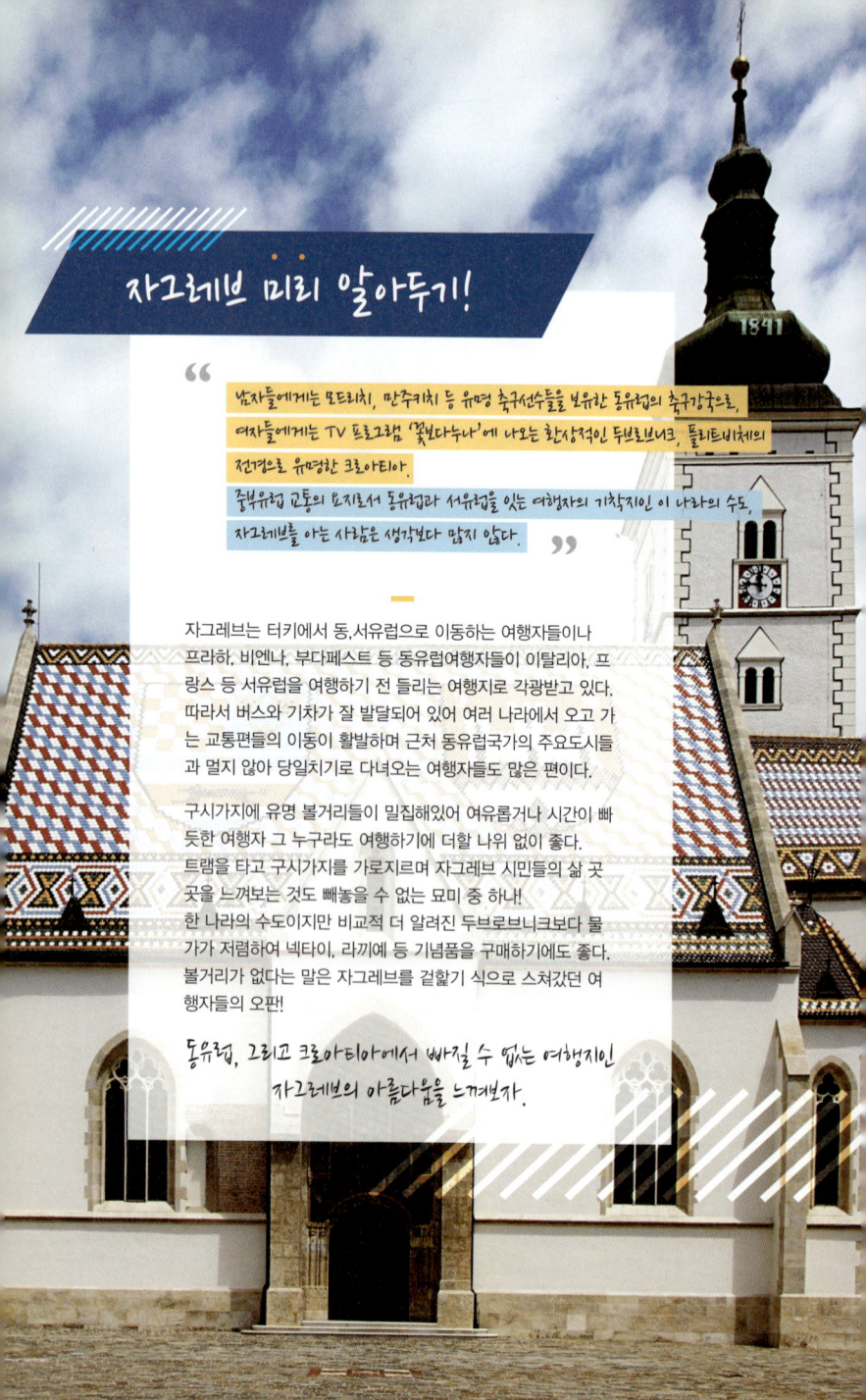

자그레브 미리 알아두기!

> 남자들에게는 모드리치, 만주키치 등 유명 축구선수들을 보유한 동유럽의 축구강국으로,
> 여자들에게는 TV 프로그램 '꽃보다누나'에 나오는 환상적인 두브로브니크, 플리트비체의
> 전경으로 유명한 크로아티아.
> 중부유럽 교통의 요지로서 동유럽과 서유럽을 잇는 여행자의 기착지인 이 나라의 수도,
> 자그레브를 아는 사람은 생각보다 많지 않다.

자그레브는 터키에서 동,서유럽으로 이동하는 여행자들이나 프라하, 비엔나, 부다페스트 등 동유럽여행자들이 이탈리아, 프랑스 등 서유럽을 여행하기 전 들리는 여행지로 각광받고 있다. 따라서 버스와 기차가 잘 발달되어 있어 여러 나라에서 오고 가는 교통편들의 이동이 활발하며 근처 동유럽국가의 주요도시들과 멀지 않아 당일치기로 다녀오는 여행자들도 많은 편이다.

구시가지에 유명 볼거리들이 밀집해있어 여유롭거나 시간이 빠듯한 여행자 그 누구라도 여행하기에 더할 나위 없이 좋다.
트램을 타고 구시가지를 가로지르며 자그레브 시민들의 삶 곳곳을 느껴보는 것도 빼놓을 수 없는 묘미 중 하나!
한 나라의 수도이지만 비교적 더 알려진 두브로브니크보다 물가가 저렴하여 넥타이, 라끼예 등 기념품을 구매하기에도 좋다.
볼거리가 없다는 말은 자그레브를 겉핥기 식으로 스쳐갔던 여행자들의 오판!

동유럽, 그리고 크로아티아에서 빠질 수 없는 여행지인
자그레브의 아름다움을 느껴보자.

자그레브 소개
(ZAGREB)

- 크로아티아의 수도. 두브로브니크나 플리트비체를 들리기 위해 잠시 머무르는 도시로 알려져 있지만 다양한 문화와 예술, 음악, 건축, 식도락을 비롯해 수준 높은 수도이기 위한 모든 조건을 갖춘 훌륭한 목적지이다.
- 유럽의 각지와 연결된 기차역이 위치하여 언제나 여행객들로 인산인해를 이룬다. 자그레브는 크게 신시가지와 구시가지로 나눌 수 있다.
- 반 옐라치치 광장과 자그레브 대성당 등 중세의 모습을 그대로 간직한 구시가지는 긴 시간 비행으로 지친 우리에게 더 크게 다가올 것이다.

꼭 해볼 것 3가지!

01 자그레브 아이에서 자그레브 전경 담기
02 우스피냐차 케이블카 타기
03 Vincek에서 아이스크림 먹어보기

🚊 자그레브 교통

**자그레브 시민들의
주요 시내 교통수단, 트램!**

요금
1회권 10kn
1일권 30kn.
1회권은 90분이내에는 환승가능하지만
동일노선(방향) 불가능
운행시간 05:00~23:30
홈페이지 www.zet.hr

총 15개 노선을 운행하고 있으며 모든 트램 노선은 반 옐라치치 광장을 지난다.
시내에만 머무는 여행자라면 버스터미널, 기차역을 오갈 때 말고는 크게 이용할 일이 없을 것이다.
6번 노선 하나만 탑승하는 것이 대부분!
티켓은 'Tisak' 이라고 부르는 신문가판대에서 판매한다. (트램 기사에게도 구입할 수 있다)
트램에 탑승하면 반드시 맨 앞과 맨 뒤 출입문 옆에 있는 기계에 티켓을 찍어야 한다.
티켓 오른쪽의 빈 공간을 기계에 넣어 펀칭하면 완료!

〉여행 Tip!

자그레브 카드
- 트램,버스,케이블카를 정해진 기간 동안 무제한으로 탑승할 수 있다.
(단, 기본구간만 적용)

게다가 소지자에 한하여 박물관, 미술관, 상점, 레스토랑까지 할인이 가능하다!
홈페이지를 참고하여 자신의 일정과 비교하여 구입하면 좋다.

가격
1일권(24시간) 30kn,
3일권(72시간) 90kn

구입처 관광안내소

홈페이지
http://zagrebcard.
fivestars.hr

6번트램 주요정거장 안내

Frankopanska – Trg bana J.Jelacica - Zrinjevac - Glavni Kolodvor - Brainimirova - Branimirova Trznica – Autobusni Kolodvor

Trg bana J.Jelacica : 반 옐라치치 광장.
Glavni Kolodvor : 기차역
Autobusni Kolodvor : 버스터미널

기차역(Glavni Kolodvor)
자그레브 중앙역. 스플리트, 자다르 등 주요 도시를 연결하는 국내선 열차와 독일 뮌헨, 오스트리아 잘쯔부르크, 헝가리 부다페스트, 슬로베니아 류블랴냐 등의 국제선 열차가 정차한다. 대부분의 여행자들은 크로아티아 내에서의 이동보다 슬로베니아, 오스트리아 등 근교 국가에서 오고 가는 기차들을 타기 위해 많이 방문한다.

버스터미널(Autobusni Kolodvor)
크로아티아의 수도답게 모든 지역의 버스들이 오고 간다. 이탈리아 피렌체, 슬로베니아 류블랴나, 헝가리 부다페스트, 오스트리아 비엔나 등 근교 국가의 도시들로도 이동이 가능하다.

> **자그레브 버스시간표**
> www.akz.hr

버스시간표
자그레브에서 출발하는 버스편 (2014 현재)

목적지	소요시간	운임
풀라	4-5	126-196
자다르	4	96-136
플리트비체	2-3	86-93
스플리트	5	101-176
두브로브니크	12	192-230

> **택시 이용안내**
> - 공항에서 시내까지 요금 200kn
>   (공항에서 영업 시 주차비 등 부가적인 돈을 내야 하므로 가격이 비쌈)
> - 시내에서 공항까지 요금 100kn

공항/버스터미널에서 시내로 이동하는 방법
공항에서 시내로 이동하는 방법은 공항버스와 택시를 이용하는 방법 두 가지뿐이다. 대부분의 여행자들은 가격이 저렴한 공항버스를 이용하여 버스터미널에서 트램으로 환승하여 시내로 오게 된다. 공항버스를 이용하려면 공항 밖 승강장에서 타면 되는데 공항이 매우 작아서 밖으로 나와 오른편을 보면 하얀색 공항버스를 쉽게 찾을 수 있다. 기사에게 표를 구입하고 버스에 탑승하면 된다. 버스터미널까지 25분 정도 소요되며 가격은 30Kn. 버스터미널 내 TISAK 가판대에서 구시가지로 가는 트램 티켓을 구매하고(10Kn) 터미널 앞 트램승강장에서 6번 트램을 이용하여 6정거장을 가면 반 옐라치치 광장에 도착하게 된다.

기차역에서 시내로 이동하는 방법
기차역은 구시가지에서 도보로 20분 거리에 위치해 있다. 기차역 앞 트램승강장에서 6번, 12번 트램을 이용하여 2정거장만 이동하면 반 옐라치치 광장에 닿게 된다.

자그레브

볼거리

- **A1** 자그레브 대성당 *Katedrala Marijina Uznesenja*
- **A2** 반옐라치치광장 *Trg Bana josip Jelecica*
- **A3** 성마가성당 *Crkva Sv.Marka*
- **A4** 스톤게이트 *Kamenita Vrata*
- **A5** 자그레브국립극장 *Hrvatsko Narodno Kazaliste*
- **Z1** 트칼치차거리 *Tkalcica Street*
- **Z2** 돌라치시장 *Trznica Dolac*
- **Z3** 자그레브아이 *Zagreb eye*
- **Z4** 우스피냐차케이블카 *Uspinjaca*

맛집

- **R1** 스타리피자커900 *Stari Fijaker 900*
- **R2** 트릴로지자 *Trilogija*
- **R3** 우마미그릴 *Umami Grill*
- **R4** 프라이스팩토리 *Fries Factory*
- **R5** 비노돌 *Vinodol*
- **R6** 푸드바엔조이 *Food bar enjoy*
- **R7** 빈첵 *Vincek*
- **R8** 두브라비카 *Dubravica*

숙소

- **H1** 러브크로아티아호스텔 *Hostal Lovecroatia*
- **H2** 호보베어호스텔 *Hostal Hobo Bear*
- **H3** 파머스롯지 *Palmers Lodge*
- **H4** 칠아웃호스텔 *Hostal Chillout*

공공기관

- **T1** 자그레브공항 *Zracna Luka Zagreb*
- **T2** 자그레브중앙역 *Glavni Kolodvor*
- **T3** 버스터미널 *Autobusni Kolodvor*
- **P1** 우체국1 *Posta*
- **P2** 우체국2 *Posta*

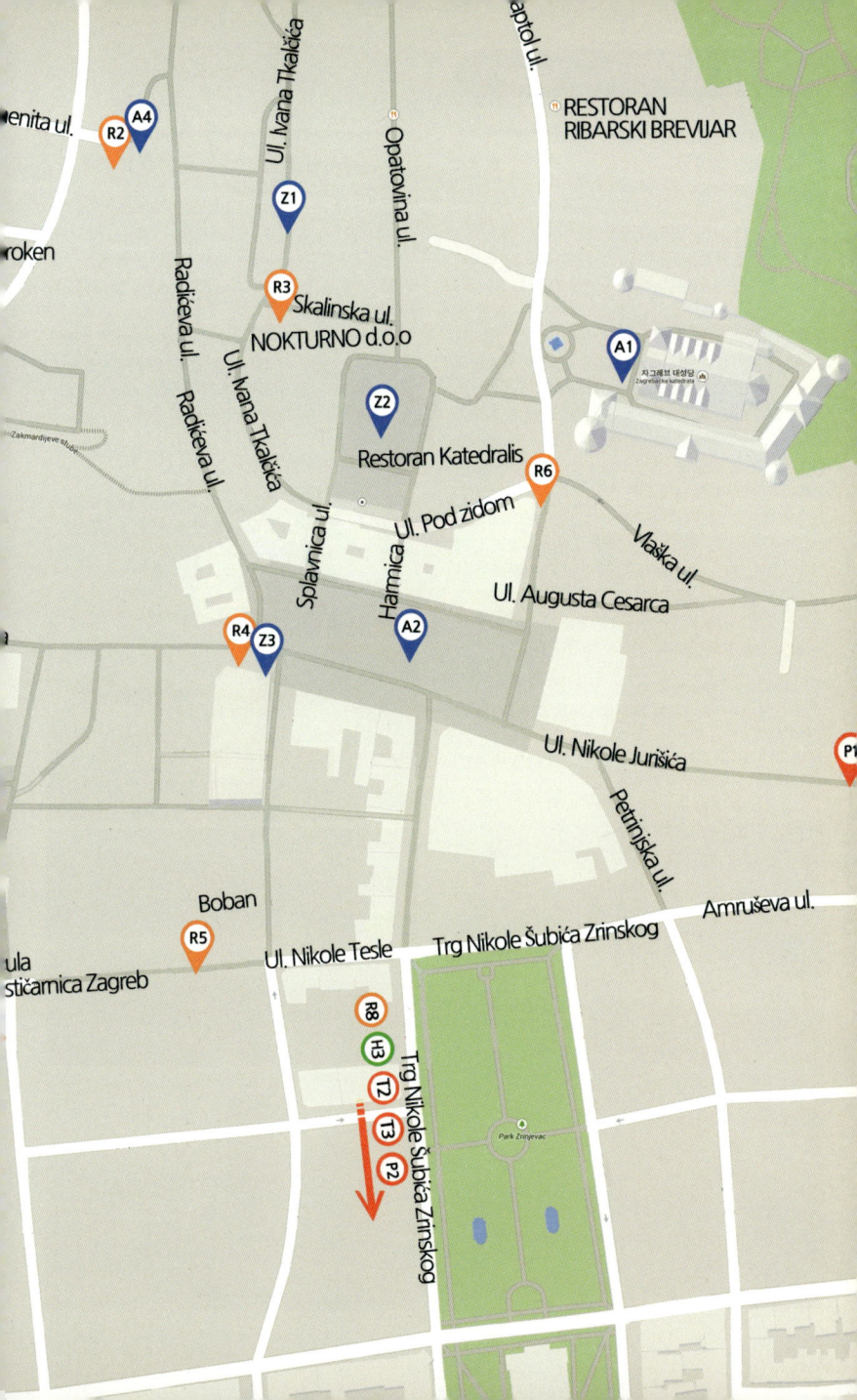

∞ 무엇을 볼까? (What to see)

자그레브 대성당 ★★★★★
Katedrala Marijina Uznesenja

자그레브를 대표하는 곳이자 가장 높은 건물이다. 1,000kn 지폐 뒷면을 장식하고 있고 자그레브 시내 어디에서나 그 위용을 감상할 수 있어 단연 자그레브의 랜드마크로 불린다. 성당 내부는 5천 명까지 수용 가능할 정도로 넓은 규모를 자랑하고, 창문 가득 화려한 스테인드글라스가 운치를 더한다. 1094년부터 1217년까지 로마네스크-고딕양식으로 건축되었으나 1242년 몽골의 타타르족에 의해 완전히 파괴되었다가 17세기에 재건 후 1880년 대지진 때 다시 무너졌다. 1906년 지금의 네오고딕양식으로 재건되었다. 성모와 성 스테파노, 성 라디슬라브를 봉헌하기 위해 세워져 성 스테판 성당, 성모승천 대성당이라고도 부른다. 일요일 07:00/08:00/09:00/10:00/11:30/18:00 에 드려지는 예배모습이 매우 웅장하고 멋있다. 제단 뒤 편에는 자그레브 대주교 옐라치치 등의 중요인사들의 묘가 있다. 13세기에 그렸다고 전해지는 프레스코화도 놓치지 말자! 크로아티아 가톨릭의 중심인 만큼 중요 문화재들이 보관되어 있으니 천천히 둘러볼 것!

주소 Katedrala Marijina uznesenja
운영시간 월-토 10:00 – 17:00 / 일 13:00 – 17:00
찾아가는 법
반 옐라치치 광장에 위치한 관광안내소를 앞에 두고 좌측으로 난 언덕길을 따라 올라가면 우측에 위치.

반 옐라치치 광장 ★★★★★
Trg Bana Josip Jelečića

자그레브를 여행하는 모든 여행자들이 모이는 구시가지의 중심이자 여행의 시작점. 광장 주변에는 클래식 양식과 모던 양식의 건물들이 조화롭게 서 있다. 자그레브 시민들의 만남의 장소로 늘 많은 인파로 붐비는 곳이다. 자그레브의 트램은 대부분 이 곳을 지나기 때문에 주변을 관광하거나 이동하기에도 좋다. 은행, 인포메이션 센터, 레스토랑들도 많고 광장 앞 일리차거리(Ilica)는 쇼핑스트리트로 불릴 만큼 많은 상점이 들어서 있다.

주소 Trg bana Josipa Jelečića
찾아가는 법
버스터미널, 기차역 등에서 6번 트램 승차하여 반 옐라치치 광장에서 하차. 중앙역에서 도보 15분, 버스 터미널에서 도보 30분 거리에 위치.

성 마가 성당
Crkva Sv.Marka ★★★★★

자그레브를 가장 잘 나타내주는 건축물로 13세기에 지어진 성당이다. 화려한 타일지붕이 눈에 먼저 들어오는데 1880년에 건설된 것으로, 왼쪽에는 크로아티아 최초의 통일 왕국 크로아티아 – 슬라보니아 – 달마티아 왕국의 문장을 혼합한 것이다. 또한, 오른편에는 자그레브 시의 문장이 들어가 있다. 이 곳은 국민영웅 옐라치치가 살았고 사망했던 곳이기도 하다. 실내엔 이반 메슈트로비치의 조각품들도 관람할 수 있는데 관람시간이 정해져 있어 관람시간 중에만 대기실에 들어갈 수 있고, 성당 자체는 미사 시간에만 문을 연다. 4월말에서 10월까지 매 주 토요일, 일요일 정오에 성당 앞에서 근위병 교대식이 열린다. 성 마르크 성당으로도 불리며 성당의 왼편으로는 대통령 궁, 오른편에는 국회가 위치하고 있다.

주소 Trg Svetog Marka 5
찾아가는 법
스톤게이트에서 Kamenita 거리를 따라 오르막길로 도보 1분.

자그레브 크로아티아 국립극장
Hrvatsko Narodno Kazaliste ★★★☆☆

크로아티아에서 문화의 중심이 되는 가장 대표적인 예술공연장. 크로아티아에 있는 총 5개의 국립극장 중에서 규모가 가장 크고 역사가 가장 오래된 곳. 크로아티아가 자랑하는 연극,오페라 등 다양한 공연이 상시 진행된다. 외관만 보고도 웅장한 자태를 느낄 수 있으며 멋진 야경 또한 관광객들을 현혹시키기 충분하다. 홈페이지를 통해 예매를 하면 할인된 가격으로 볼 수 있어 배낭 여행자들도 쉽게 공연을 접할 수 있다.

주소 Trg Marsala Tita 15
찾아가는 법
반 옐라치치광장 앞에서 12,13,14,17번 트램으로 2정거장 이동 후 Trg marsala Tita 정류장에서 하차. 반 옐라치치광장에서 도보로 15분 소요.
홈페이지 www.hnk.hr

스톤게이트
Kamenita Vrata ★★★★☆

길이가 20m도 채 되지 않는 공간에 성모마리아 그림을 모셔놓은 신성한 곳. 이 곳을 지나는 현지인들은 모두 경건하게 기도를 드리고 참배를 한다. 몽골의 침략으로 화재로 인해 많은 피해를 입었지만 유일하게 타지 않은 것이 이 곳의 성모마리아 그림이라고 한다. 그래서 사람들은 이 성모마리아 그림을 믿으며 이 곳에서 소원을 빈다. 매우 신성시되는 곳이므로 사진 찍는 것은 삼가하는 것이 좋다.

주소 Kamenita Vrata
찾아가는 법
반 옐라치치 광장 앞 Radiceva거리로 쭉 올라가다가 표지판이 보이면 좌측으로 올라가기.

트칼치차 거리
Ivana Tkalcica   ★ ★ ★ ☆ ☆

자그레브 최대의 카페 밀집구역. 저녁에는 거리 양 옆으로 다양한 조명들과 함께 많은 바, 레스토랑들에 사람이 넘쳐난다. 홍대나 대학로 같은 젊음의 거리 같은 느낌. 자그레브에서 생동감 넘치고 이국적인 느낌을 느껴보고 싶다면 이 곳을 방문하는 것이 좋다.

주소 Ulica Ivana Tkalcica
찾아가는 법
반 엘라치치 광장 Splavnica거리로 들어가면 왼쪽으로 트칼치차 거리 시작.

자그레브 아이
Zagreb Eye   ★ ★ ★ ★ ☆

자그레브 구시가지를 한 눈에 볼 수 있는 최고의 뷰 포인트. 반 엘라치치 광장 앞 검정색 빌딩 16층에 위치하며 입장료를 받는다. 입장티켓으로 종일(24시까지) 재 입장이 가능하므로 낮의 자그레브 풍경과 밤의 야경을 모두 느낄 수 있다. 분위기 좋은 바도 있어서 맥주도 마실 수 있고 노래도 부를 수 있다.

주소 Ilica 1
입장료 20kn
찾아가는 법 반 엘라치치 광장 맞은 편 검은색 빌딩 16층에 위치.

돌라치시장
Trznica Dolac   ★ ★ ★ ★ ★

1930년대에 생겨진 자그레브에서 가장 큰 재래시장. 싱싱한 채소와 과일, 생선, 꽃, 오일, 비누, 치즈 등의 가공제품과 수공예 기념품까지 다양한 제품을 저렴하게 구입할 수 있다. 과일의 가격이 매우 저렴하여 꼭 구입하게 되는 시장이다. 한국에서 비싼 체리, 복분자, 산딸기, 무화과 등을 꼭 맛보자!
+ 크로아티아의 귤은 신맛이 많이 나며 달지 않다. 바나나는 크고 달며 복숭아는 싱거운 편!

주소 Dolac
운영시간 월-금 06:30 - 15:00 / 토 06:30 - 14:00 / 일 06:30 - 13:00
찾아가는 법
반 엘라치치 광장 뒤 편 빨간색 파라솔이 있는 길부터 돌라치시장 시작.

우스피냐차 케이블카
Uspinjaca   ★ ★ ★ ★ ☆

자그레브 최초의 교통수단으로 세계에서 가장 짧은 케이블카로 알려져 있다. 탑승시간이 1분도 채 되지 않아 바로 옆 계단을 이용하는 사람들도 많다. 케이블카에서 내리면 로트르슈차크 탑에서 내려다보는 자그레브의 전경도 카메라에 담을 만 하니 가벼운 마음으로 한 번 쯤은 타 보는 것도 좋다.

주소 Tomiceva bb
이용료 성인 5Kn
운영시간 06:40 - 22:00 (10분 간격으로 운행)
찾아가는 법
반 엘라치치 광장에서 오른쪽 트램방향으로 걷다가 DM마트가 보이면 오른편으로 승강장이 보인다.
홈페이지 www.zet.hr/uspinjaca.aspx

크로아티아 재미있게보기!

크로아티아 축구의 상징
디나모 자그레브 (Dinamo Zagreb)

독일에는 바이에른뮌헨, 스페인에는 FC바르셀로나와 레알마드리드가 우승을 밥 먹듯이 하고 있듯이 크로아티아에도 지겹도록(?) 리그 우승을 차지하는 축구팀이 있다. 2005-06 시즌부터 현재까지 리그 9연패 중인 크로아티아 축구리그의 역사를 쓰고 있는 단연 크로아티아 프로축구 최강팀, 디나모 자그레브!

크로아티아 축구의 영웅 슈케르와 보반 뿐만 아니라 현재 크로아티아 축구를 책임지고 있는 스타 플레이어들인 만주키치와 모드리치, 할릴로비치 등이 디나모 자그레브 출신이다. 유명한 축구선수들을 다수 배출하고 있다 보니 디나모 자그레브의 홈경기에는 명문 축구클럽의 스카우트들이 집결해 있는 것은 이제 당연한 일로 받아들여진다. 이쯤 되면 크로아티아 국가대표 = 디나모 자그레브가 성립되는 것이 아닐까?

디나모 자그레브 홈 구장인 막시미르 스타디움(Maksimir Stadium)은 반 옐라치치 광장에서 11번, 12번 트램을 탑승하여 막시미르(Maksimir)에서 하차하면 방문할 수 있다. 완공된 지 100년이 넘고 이곳 저곳 세월의 흔적이 보이지만 크로아티아 대표 님의 홈구장이자 크로아티아 축구의 과거, 현재, 미래를 동시에 볼 수 있는 이 곳을 방문해보자.

주소
Maksimirska cesta 128

루카 모드리치 (Luka Modric)

Tržnica Dolac, Zagreb

🍴 어디서 먹을까? (Where to eat)

Stari Fijaker 900 | 스타리 피자커 900

★★★★★

자그레브에서 가장 오래된 음식점으로 소고기, 양고기, 돼지고기, 닭고기, 피자, 리조또 등 다양한 메뉴를 선보인다. 가격은 50kn부터 130kn까지 다양하며, 저렴하거나 적당한 편이다. Sama(양배추 롤), 푸리카 믈린치마 (Purica smlincima: 파스타와 함께 제공되는 칠면조 요리) 등이 추천요리. 대부분의 음식이 맛있으나 Grilled Pork는 질겨서 별로 추천하지 않는다. Daily Steak(오늘의 스테이크)도 이 곳의 인기메뉴(75kn).

가격 대부분 50kn ~ 130kn 사이. Daily Steak 75kn.
운영시간 11:00 ~ 23:00
주소 Mesnicka ulica 6

Umami grill | 우마미 그릴

★★★★☆

아시아 퓨전요리 전문점. 우리에게 익숙한 커리, 데리야끼, 팟타이 등을 판매한다. 모든 음식점들이 그렇듯이 여기도 짜지만, 음식 맛은 어느 곳에도 밀리지 않는다. Samurai wok과 yakitori를 추천한다. 돌라치시장과 트칼치차 거리 사이 길인 Skalinska 거리에 위치한다.

가격 팟타이,야키노리,가츠돈, 커리 등 모든메뉴 16~39Kn
운영시간 11:00 ~ 23:00
주소 Skalinska 3

Trilogija | 트릴로지자

★★★★★

많은 여행포털들에서 맛집 1위로 뽑힌 레스토랑으로 주방장이 매일 아침 들여오는 신선한 재료로 직접 만들어 내는 요리들이 일품이다. 송아지 스테이크가 인기가 있으며 다른 곳들과는 다르게 부드럽고 냄새도 없는 맛있는 고기를 맛 볼 수 있다.

가격 메인 메뉴 70kn 부터
운영시간 월-목 11:00 ~ 24:00 / 금,토 11:00 ~ 01:00
주소 Kamenita 5

Fries Factory | 프라이스팩토리

★★★★☆

저렴한 가격에 한끼 때우고 싶을 때 이곳을 추천한다. 피자 전문점으로 페페로니, 머쉬룸, 치즈 등 보통 5개 혹은 6개 종류의 피자들이 진열되어있다. 피자 이외에 감자튀김, 새우튀김, 너겟 등 사이드 디쉬도 많다. 매장에서 먹을 시간이 없다면 테이크 아웃도 가능하다.

가격 피자 1조각 10kn, 피자 한판(6조각) 60kn
    감자튀김 큰 사이즈 12kn, 작은 사이즈 8kn
주소 Ilica 1

★ ★ ★ ★ ☆

Vinodol | 비노돌

맛있게 요리된 중부 유럽식 음식으로 사랑 받는 곳. 주 메뉴는 육즙이 많은 양고기, 송아지 고기 스테이크이다. 현지 식 버섯요리인 부코바체(bukovace)가 있다.

가격 메인 메뉴 57kn – 270kn
운영시간 월-일 10:00~24:00
주소 Ulica Nikole Tesle 10

★ ★ ★ ★ ★

Vincek | 빈첵

자그레브에서 가장 유명한 디저트 가게. 케이크, 타르트, 쿠키, 아이스크림 등의 모든 디저트 류를 망라한다. 자그레브에서 딱 한 곳 디저트 가게를 방문한다면 단연 이곳을 추천! 자그레브 크림 케이크(Zagrebacke Kremsnite)가 유명하다. 자그레브에 5개의 분점을 가지고 있으며, 늘 사람들이 줄지어 있어서 찾기 쉽다. 아이스크림도 맛이 있으니 꼭 먹어볼 것!

가격 아이스크림 7kn, 크림케이크 8kn.
운영시간 월-토 8:30 – 23:00 일요일, 공휴일 휴무
주소 Ilica ulica 18

★ ★ ★ ★ ☆

Food bar enjoy | 푸드바엔조이

여느 햄버거 가게들과 비교해도 크기가 밀리지 않는 햄버거가게. 푸짐한 양으로 여행자들을 유혹하는 곳이다. 햄버거, 스프링롤, 샌드위치, 피자 등 다양한 먹거리가 있다. 밤 늦은 시간까지 운영하기 때문에 야식으로도 좋다.
(추천메뉴: full menu)

가격 대부분의 메뉴가 20kn – 50kn 사이,
full menu(햄버거+감자튀김+콜라) 40kn
운영시간 월-토 08:00 – 24:00 / 일 12:00 – 24:00
주소 Bakaceva 5

★ ★ ★ ★ ☆

Dubravica | 두브라비카

1961년에 오픈한 50년 전통의 베이커리 가게. 깔끔한 인테리어와 신선하고 질 좋은 빵으로 현지인들에게 인기가 좋다. 빵 이외에 피자, 샌드위치, 샐러드도 판매하기 때문에 브런치를 즐기기에도 좋은 곳이다. 인기가 많아 늘 줄이 길기 때문에 서두를 것! 터미널에 위치하고 있으며 많은 체인점을 가지고 있다.

가격 프레즐 1.5 – 5kn, 샌드위치 15 – 20kn 등
운영시간 월-금 06:00 – 21:00 / 토 06:30 – 15:00 / 일 07:00 – 13:00
주소 Avenija Marina Držića 4

Jarun Botanical Garden

| 숨은 명소 찾기 |

> "자그레브는 볼 게 없다? 자그레브는 하루로 충분하다?
> 자그레브를 제대로 느껴보지 못한 사람들이,
> 특히 이곳 야룬을 가지 않았을 때 할 수 있는 말이 아닐까?"

끝없이 펼쳐지는 호수와 끝이 보이지 않을 정도로 펼쳐진 길.
자그레브의 멋진 하늘을, 자그레브의 멋진 호수를 한 눈에 담고 싶다면
야룬공원(Jarun botanical garden)을 방문해보자.
야룬공원은 자그레브 신시가지(Novi Zagreb)의 사바강 유역에 위치한 인공호수인
야룬호수에 만들어진 공원으로 각종 레져, 스포츠를 비롯하여 일광욕, 바베큐도 즐길 수 있는
자그레브 도심의 작은 휴양지 역할을 한다.

식당, 카페, 클럽들도 주변에 많아서 자그레브 시민들이 즐겨찾는
만남의 장소이자 좋은 휴식처가 되는 곳이기도 하다.
넓은 호수에서 카약을 즐기는 사람들, 수상스키를 즐기는 사람들,
어떤 이들은 수영을 즐기기도 한다. 주말에 방문한다면 자그레브 사람들이
주말을 어떻게 보내는지, 얼마나 여유롭게 사는지를 볼 수 있다.

찾아가는 법

옐라치치 광장 앞에서 17번 트램 타고 Jarun 정거장에서 하차 (20분 정도 소요)
표지판을 따라 도보로 10분 이동.

어디서 잘까? (Where to stay)

러브크로아티아 호스텔 ★★★★★
Hostal lovecroatia

반 옐라치치 광장에서 도보 5분거리에 위치하고 있는 젊은 청년들이 운영하는 호스텔. 화이트 & 블랙으로 인테리어 된 이 곳은 깔끔하고 청결하며 플리트비체, 슬로베니아 등 당일치기 투어들도 제공한다. 푸짐한 한식이 제공되며 개인실(1, 2, 3인)과 4, 5인 도미토리, 화장실이 딸린 스위트룸이 있다. 취사가능. 6번트램 Frankopanska역에서 도보 1분 내에 위치.

조식 O
가격 도미토리 30euro / 개인실 50-120euro / 스위트룸 130euro
체크인 오후 1시 체크아웃 오전 11시
주소 Mesnicka 5

파머스 롯지 ★★★★☆
Palmers Lodge

기차역과 터미널 사이에 위치한 호스텔. 중심가인 반 옐라치치 광장까지는 도보로 15분 정도가 소요된다. 이동 스케줄 때문에 위치에 민감한 여행자가 찾으면 좋을 만한 곳이다. 반 지하에 위치한 방은 환기가 잘 되지 않으니 주의할 것! 조식은 제공되지 않으며 취사가 가능한 주방이 있다.

조식 X
가격 트윈 룸 240kn / 더블 룸 260kn / 혼성 도미토리 (4, 6, 8인) 135 - 170kn
체크인 오후 1시 체크아웃 오전 11시
주소 Brainimirova 25

호보 베어 호스텔 ★★★★☆
Hostal hobo bear

2013, 2014년 크로아티아 내 호스텔 어워드에서 1등을 수상한 호스텔. 반 옐라치치 광장에서 도보 10분 정도 거리에 위치해 있으며 외국 여행자들과 담소를 나누고 친해지기 좋은 호스텔로 알려져 있다. 서양 여행자들이 많아 자유분방한 느낌이 든다. 청결이나 소음 등에 예민한 여행자는 권하지 않는다.

조식 X
가격 트윈룸 180kn / 더블 룸 180kn / 도미토리 (2,4,6,8인) 95 - 160kn
체크인 오후 1시 체크아웃 오전 11시
주소 Andrije Medulica 4

칠 아웃 호스텔 ★★★★★
Hostal Chillout

구시가지의 메인 거리인 일리챠거리와 우스피냐차 케이블카 탑승장 사이에 위치한 호스텔. 젊은이들이 많이 방문하는 호스텔답게 진한 색감의 확 튀는 인테리어가 돋보인다. 스텝들이 매우 친절하고 청결을 중시하는 것이 인상적이다. 체크아웃시간이 12시여서 느긋하게 짐을 꾸리고 퇴실할 수 있다는 점도 특징! 취사가 가능하나 비좁고 부실하다. 조식은 제공되지 않으며 4, 6, 8인 혼성 도미토리와 화장실이 딸린 트윈 룸이 있다.

조식 X
가격 트윈 룸 200kn / 혼성 도미토리 120 - 140kn
체크인 오후 3시 체크아웃 오후 12시
주소 Tomiceva 5A

> **" 러브, 크로아티아가 추천하는
> 자그레브 체류기간 : 3일! "**

〉자그레브 [Zagreb]

주요관광지가 모여있어 도보로 1~2시간 정도면 충분히 관람이 가능하다. 플리트비체, 사모보르 등 근교 지역뿐만 아니라 슬로베니아 블레드, 류블랴냐 등도 당일치기로 관람이 가능한 위치에 있어서 거점으로 삼고 여행을 하기에 좋다.

자그레브 여행하는 여행자들의 스타일

A 자그레브 시내 투어 + 플리트비체 관광을 위해 방문하는 여행자
  〉〉 1박2일 또는 2박3일 체류

B 자그레브, 플리트비체와 더불어 근교도시, 국가를 추가로 관광하고 싶은 여행자
  〉〉 3박4일 또는 4박5일 체류

자그레브 호스텔 평균가격 (1인당가격, 단위: 원)

대부분의 호스텔은 조식은 포함하지 않는다.
숙소가격은 룸의 경우 1인당 한화 30,000원에서 60,000원,
도미토리는 20,000원에서 40,000원정도가 보통!

- 1인실 (싱글침대) : 30,000원 – 50,000원대 형성
- 2인실 (더블침대) 공용욕실 : 40,000원 – 51,000원대 형성
- 2인실 (더블침대) 개인욕실 : 40,000원 – 65,000원대 형성
- 도미토리 2인 (혼성) : 평균 40,000원대
- 도미토리 4~6인 (혼성) : 평균 20,000원 ~ 40,000원대

  〉〉 올드타운 근처(구시가지)가 걸어 다니기 편하므로 숙소 잡을 때 참고할 것!
  기차역과 버스터미널 근처에 잡고 이동하는 것도 괜찮은 대안이다.

자그레브 물가

자그레브의 물가는 크로아티아 전체에서 저렴한 수준이며 우리나라 여행자들이 편안하게 느낄 정도로 유럽이지만 우리나라보다 착한 물가수준을 보인다.

- 야채, 과일 등은 우리나라보다 많이 저렴하다. (1/2~2/3 수준)
- 레스토랑의 가격은 우리나라와 비슷한 수준
- 트램, 버스 등의 대중교통 가격은 우리나라보다 조금 비싸거나 비슷한 수준
- 생필품, 공산품의 가격 또한 우리나라보다 대체로 저렴하다.
- 전자제품의 경우 한국보다 비싼 것들이 많아서 잘 살펴보고 구입해야 한다.
- 유럽 SPA브랜드, 각종 로드샵이 즐비해 한국보다 20%이상 저렴하게 구입이 가능하여 쇼핑명소로도 사랑 받고 있다.
- 크로아티아에서 구매하고 싶은 기념품들은 다양하고 저렴한 자그레브에서 구입하는 것을 추천한다.

크로아티아 멋있게보기!

크로아티아 병사들의 '무사기원' 염원을 담은 징표
넥타이(Necktie)

넥타이는 크로아티아의 크로아트 연대 병사들이 유럽의 30년 전쟁(1618-48) 중 터키전투에서 승리한 후 파리에서 개선하는 시가행진을 할 때 목에 걸치고 있던 네모난 천에서 유래되었다. 루이 14세에게 충성을 맹세하기 위해 파리에 개선한 크로아티아 지방의 용병부대는 앞가슴에 크라바트(Cravate)라고 부르는 장방형의 천을 메고 있었다. 이를 지켜본 루이 14세와 귀족들에게 큰 인상을 주어 파리에서 선풍적인 인기를 끌게 되었고 크라바트를 흉내내기 시작하면서 전 유럽에 유행으로 번지게 되었다. 넥타이가 프랑스어로 '크라바트(Cravat)'라고 불리는 것 또한 크로아티아 사람을 뜻하는 크로아뜨(Croat)에서 유래되었다.

크라바트는 프랑스혁명과 함께 잠잠해졌다가 19세기 초 다시 유행하여 영국으로 건너가 여러 가지 스타일로 변형되어 발전하면서 현재의 넥타이라는 말로 불려지기 시작했다.

때론 크로아티아 병사들이 전쟁 때 피를 닦기 위해서 쓰던 천이 발전하였다는 설이나 어부들이 목에 거는 노끈에서 유래했다는 설도 전해지지만 현재로서는 파리 개선행진에 참여한 크로아티아 병사들의 복장에서 유래되었다고 보는 것이 정확할 것이다.

크로아티아에는 현재 큰 2개의 넥타이 체인점이 있다. 크로아타(Croata)와 크라바타(Kravata)가 바로 그것이다. 고급스럽고 화려한 느낌의 고가 체인 '크로아타'와 심플하고 세련된 디자인의 중저가 체인 '크라바타'는 크로아티아 전역에 체인을 두고 있다. 크로아티아를 여행할 때 결코 비슷하지 않은 이 두 체인점들을 둘러보며 신기하고 독특한 디자인의 넥타이들을 구경하는 재미도 솔솔 하니 놓치지 말자!

• MEMO •

DATE.

요정들이 사는 곳, Plitvice

플리트비체
;Plitvice

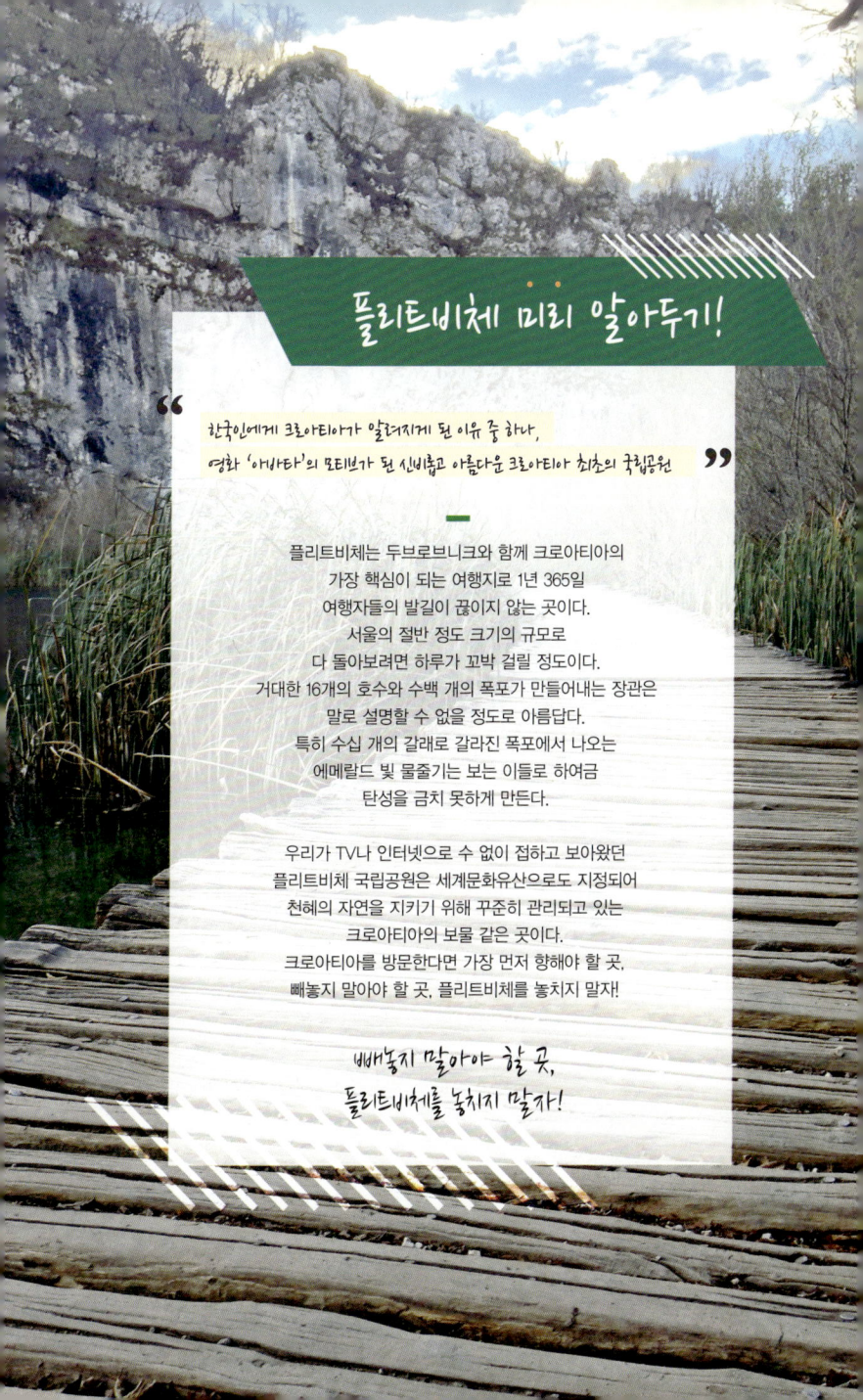

플리트비체 미리 알아두기!

> " 한국인에게 크로아티아가 알려지게 된 이유 중 하나,
> 영화 '아바타'의 모티브가 된 신비롭고 아름다운 크로아티아 최초의 국립공원 "

플리트비체는 두브로브니크와 함께 크로아티아의
가장 핵심이 되는 여행지로 1년 365일
여행자들의 발길이 끊이지 않는 곳이다.
서울의 절반 정도 크기의 규모로
다 돌아보려면 하루가 꼬박 걸릴 정도이다.
거대한 16개의 호수와 수백 개의 폭포가 만들어내는 장관은
말로 설명할 수 없을 정도로 아름답다.
특히 수십 개의 갈래로 갈라진 폭포에서 나오는
에메랄드 빛 물줄기는 보는 이들로 하여금
탄성을 금치 못하게 만든다.

우리가 TV나 인터넷으로 수 없이 접하고 보아왔던
플리트비체 국립공원은 세계문화유산으로도 지정되어
천혜의 자연을 지키기 위해 꾸준히 관리되고 있는
크로아티아의 보물 같은 곳이다.
크로아티아를 방문한다면 가장 먼저 향해야 할 곳.
빼놓지 말아야 할 곳, 플리트비체를 놓치지 말자!

빼놓지 말아야 할 곳,
플리트비체를 놓치지 말자!

플리트비체 소개 (PLITVICE)

- 전세계 126종의 조류 중 70여 종이 번식지로 삼는다는 동유럽 최대의 국립공원
- 크로아티아를 방문하는 모든 여행자가 꼭 들리는 크로아티아의 핵심여행지
- 버스 혹은 자가용을 이용해서 가야 하는 곳.
  대부분의 여행자는 가장 가까운 대도시인 자그레브 혹은 자다르에서 오고 간다.
- 많은 코스가 있지만 여행자들은 4~6시간 코스인 C와 H코스를 많이 간다.
- 주차는 1번입구에서 할 수 있으니 차를 가지고 있다면 1번입구로 향할 것!
- 우리가 많이 본 플리트비체의 뷰포인트는 1번입구에서 C코스로 향하는 길에 있으니 꼭 들릴 것!

입장정보

 입장권 가격

– 1일권 가격 (단위:Kn)

	1월-3월, 11월-12월	3월-6월, 9월-10월	7월-8월
성인	55	110	180
단체(15인이상)	50	100	160
학생	45	80	110
학생단체(15인이상)	40	70	100
청소년(7-18세)	35	55	80
청소년단체(15인이상)	30	50	70
7세이하 어린이	무료		

>>> 영어, 스페인어, 프랑스어, 독일어, 이탈리아어, 크로아티아어 15명이상 단체 시 가이드투어 가능
(4시간 1,000Kn, 6시간 1,500Kn)

- 2일권 가격 (단위:Kn)

	1월-3월, 11월-12월	3월-6월, 9월-10월	7월-8월
성인	90	180	280
학생	70	130	210
청소년	55	90	140

> Tip!
- 1번입구와 예제로 호텔에는 짐을 맡길 수 있는 짐 보관소가 있으니 무거운 짐이 있다면 맡기고 들어갈 것!

🚗 주차요금

Motorcycle	Free
Car	7Kn/hour
Camper	70Kn/day
Cars with trailers	70Kn/day
Bus	70Kn/day

입장시간

동절기	8:00 – 16:00
하절기	7:00 – 20:00

> 참고사이트
- 플리트비체 홈페이지
  www.np-plitvicka-jezera.hr/en/
- 자그레브 버스터미널
  www.akz.hr
- 버스크로아티아
  www.buscroatia.com/

>>> 운영시간, 입장료, 셔틀버스, 페리의 운행시간, 그리고 출입구들은 계절별로, 월별로 변동이 심하기 때문에 상시 홈페이지를 참고해야 한다. 공원 내에는 작은 레스토랑들은 있지만 잘 갖추어져 있지 않다고 생각하고 음료, 간식 등은 사전에 미리 준비해서 가져가는 것이 좋다.

플리트비체 교통

- 플리트비체로 갈 수 있는 방법은 버스와 자가용을 이용하는 것뿐이다.
- 가을, 겨울에는 예약 없이도 버스를 이용하는데 지장이 없지만 여름 성수기에는 미리 표를 예약해야 한다.
- 자그레브에서 보통 여름시즌에는 하루 약 10회 운행한다.

> 플리트비체 보트

🚌 버스시간표
플리트비체까지 운행하는 버스편 (2015년 현재)

출발지	이동소요시간	운임비(단위 : Kn)
자그레브	2시 – 2.5시간	편도 98 – 100 / 왕복 163 – 198
자다르	2시 – 2.5시간	92 – 100

Plitvice

코스 안내

면적이 서울의 절반 정도에 이르는 넓고 넓은 플리트비체. 짧은 여행기간에 플리트비체를 모두 둘러보기에는 시간이 턱없이 부족할 것이다. 플리트비체에서 다른 도시로 향하는 버스들의 시간은 매우 이른 시간에 끊기기 때문에 부지런히 서둘러 도착하고 충분한 관람시간을 확보하기를 권한다.
우리가 찾아볼 수 있는 사진들은 대부분이 하류 사진들인데 상류도 멋진 곳들이 많으므로 아침 일찍 서둘러 방문했다면 상, 하류를 모두 볼 수 있는 코스인 C와 H코스를 추천한다.

A코스 (소요시간 2-3시간)
- 입구 1에서 출발하여 호수 하류만 관람하는 코스. 짧은 시간에 우리가 상상해온 하이라이트 뷰포인트를 감상할 수 있다.

B코스 (소요시간 3-4시간)
- 입구1에서 보트와 셔틀버스를 이용하여 조금 더 많은 하류의 지점을 돌아볼 수 있다. 호수를 위에서 내려다볼 수 있다는 점이 매력적.

★★ C코스 (소요시간 4-6시간)
- 하류에서 상류까지 걸어서 이동하는 코스. 많이 걷긴 하지만 주요 지점들을 제대로 감상할 수 있다.

E코스 (소요시간 2-3시간)
- 상류만 돌아보는 코스. 우리가 접하기 힘들었던 플리트비체의 숨은 아름다움을 느낄 수 있다.

F코스 (소요시간 3-4시간)
- B코스와 방향과 출발점이 반대 (입구2 이용)

★★ H코스 (소요시간 4-6시간)
- 가장 인기 있는 상, 하류를 모두 볼 수 있는 코스로 우리나라 여행자대부분이 이용. 하류를 등지면서 이동하는 것이 단점. 보트, 버스를 이용하기 때문에 체력을 아낄 수 있다는 점은 매력적.

K코스 (소요시간 6-8시간)
- 플리트비체 전체를 돌아보는 코스. 전부 걸어서만 이동해야 하기 때문에 당일치기 여행자들에게는 조금 무리일 수 있다. 2일권 소지자에게는 당연히 추천!

입구 1	입구 2	입구 무관
A, B, C코스	E, F, H코스	K코스

★★ 여행 TIP!
여행자들은 보통 자그레브에서 아침 7시20분 혹은 8시40분 버스를 이용하여 플리트비체로 향한다.
플리트비체 도착시간은 점심 먹기 전인 11시 내외. C또는 H코스를 돌아볼 수 있는 충분한 시간이 확보된다.
자그레브에서 왕복티켓을 구매한 다음 C또는 H코스를 둘러본 다음 자그레브로 돌아오는 일정을 추천한다.

C코스 지도

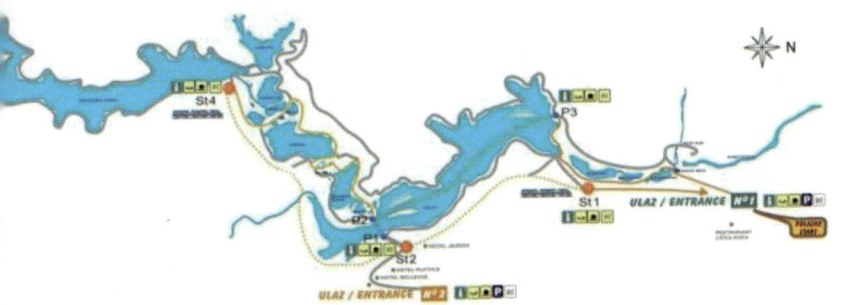

※ 지도의 점선은 셔틀버스, 보트를 이용하는 구간

H코스 지도

※ 지도의 점선은 셔틀버스, 보트를 이용하는 구간

바닷소리와 잊을 수 없는 석양의 도시, Zadar

자다르
;Zadar

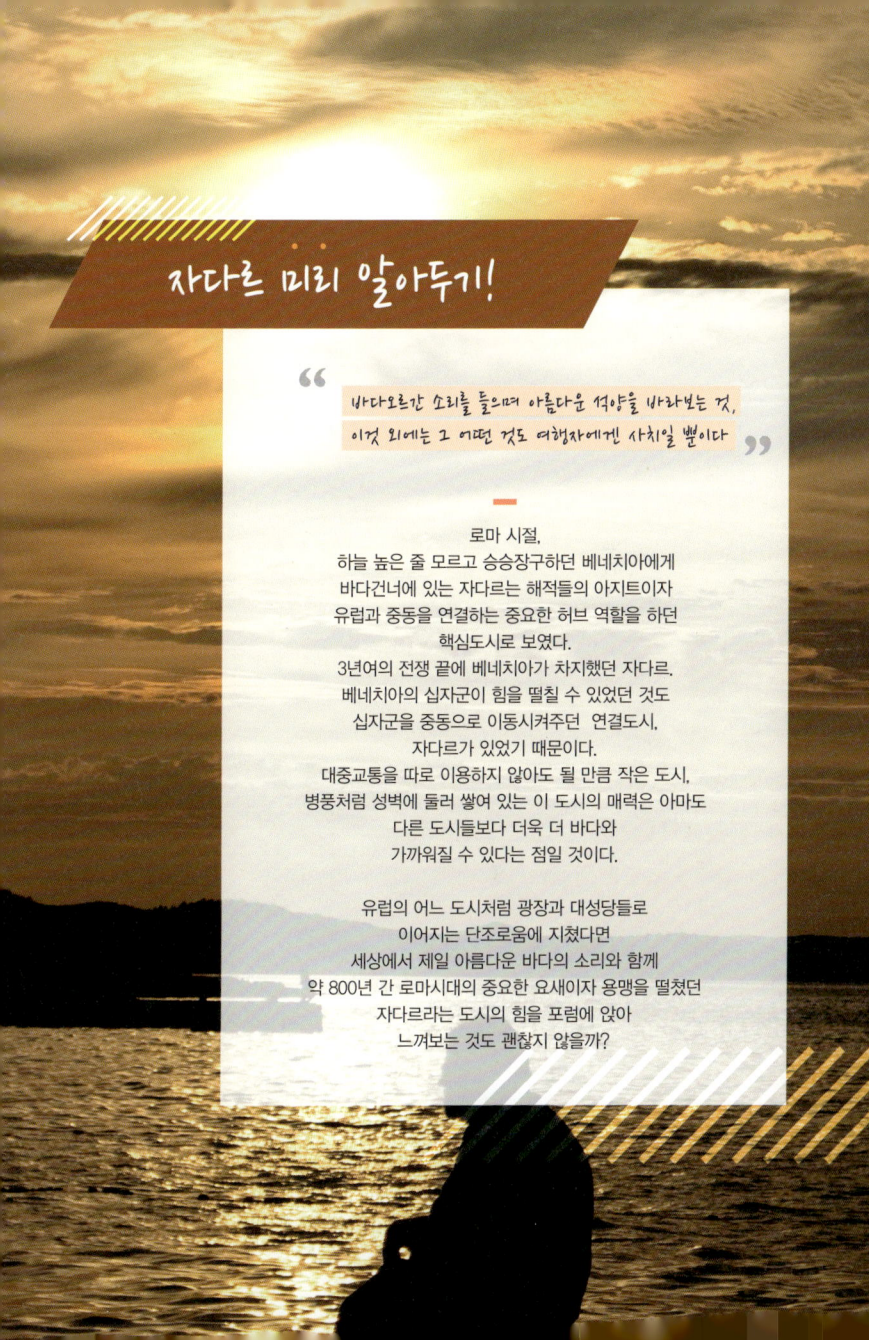

자다르 미리 알아두기!

> " 바다오르간 소리를 들으며 아름다운 석양을 바라보는 것,
> 이것 외에는 그 어떤 것도 여행자에겐 사치일 뿐이다 "

로마 시절,
하늘 높은 줄 모르고 승승장구하던 베네치아에게
바다건너에 있는 자다르는 해적들의 아지트이자
유럽과 중동을 연결하는 중요한 허브 역할을 하던
핵심도시로 보였다.
3년여의 전쟁 끝에 베네치아가 차지했던 자다르.
베네치아의 십자군이 힘을 떨칠 수 있었던 것도
십자군을 중동으로 이동시켜주던 연결도시,
자다르가 있었기 때문이다.
대중교통을 따로 이용하지 않아도 될 만큼 작은 도시,
병풍처럼 성벽에 둘러 쌓여 있는 이 도시의 매력은 아마도
다른 도시들보다 더욱 더 바다와
가까워질 수 있다는 점일 것이다.

유럽의 어느 도시처럼 광장과 대성당들로
이어지는 단조로움에 지쳤다면
세상에서 제일 아름다운 바다의 소리와 함께
약 800년 간 로마시대의 중요한 요새이자 용맹을 떨쳤던
자다르라는 도시의 힘을 포럼에 앉아
느껴보는 것도 괜찮지 않을까?

Morske Orgulje, Zadar

🍴 어디서 먹을까? (Where to eat)

★★★★★

Kornat | 코나트

R1

구시가지 항구에 위치한 레스토랑으로 한국 여행자들에게 인기가 많은 곳이다. 고급스러운 분위기에 코스요리를 즐기기 좋으며, 문어샐러드(65kn), 해산물 파스타(85kn), 해산물 리조또(70kn)가 인기가 많다. 좀 더 특별한 요리를 맛보고 싶다면 송로버섯 소스를 곁들인 아귀요리(150kn)를 추천한다. 한국에서는 좀처럼 맛보기 힘든 세계 3대 진미 송로버섯의 깊은 향을 느낄 수 있다.

가격 90kn – 460kn
운영시간 12:00 – 24:00
주소 Liburnska obala 6

★★★★☆

Fosa | 포사

R3

바다가 보이는 테라스에서 분위기 있게 식사를 하고 싶다면 이곳을 추천한다. 자다르의 다른 레스토랑에 비해 가격대는 높지만 아름다운 아드리아 해의 석양을 바라보며 식사를 할 수 있기에 많은 여행자들이 찾는 곳이다. 주 메인은 해산물 요리로 생선수프(45kn), 새우 리조또(95kn), 생선구이를 추천한다.

가격 메인 코스 165kn – 550kn
운영시간 12:00 – 24:00
주소 Ulica kralja Dmitra Zvonimira 2

★★★★★

2Ribara | 드바 리바라

R2

현지인들이 많이 찾는 레스토랑으로 저렴한 가격에 푸짐한 한 끼 식사를 해결할 수 있는 곳이다. 다만, 골목 구석에 자리잡아 찾기 쉽지 않으니 미리 지도로 위치를 확실히 알아두자. 메뉴는 피자, 파스타, 스테이크, 해산물 요리 등 다양하게 제공한다. (데일리 메뉴 추천 75kn)

가격 60kn – 150kn
운영시간 11:00 – 23:00
주소 Ulica Blaza Jurjeva 1

★★★★☆

Slasticarna Donat | 도나트

R4

자다르에서 가장 맛있다는 아이스크림 가게이다. 성 도나트 성당 앞에 위치한 가게로 현지인들도 추천하는 곳이다. 저렴한 가격에 부담 없이 즐길 수 있어 항상 사람들로 북적이는 곳이다.

가격 1스쿱 7kn
주소 Trg Svete Stošije 4

🏠 어디서 잘까? (Where to stay)

부티크 호스텔 포럼 ★★★★★
Boutique hostel forum

자다르 포럼 옆에 위치한 호스텔로 주요 관광지와 가깝고 접근 성이 좋은 호스텔이다. 방 사이즈는 아담하지만 깨끗하고 깔끔한 시설 그리고 감각적인 인테리어에 한국인 여행자들에게도 인기가 많은 곳이다. 다른 호스텔과 비교하여 가격은 비싸지만 여행객들의 만족도는 높은 곳이다. 도미토리 이용객은 조식이 포함되어 있지 않지만 간단하게 빵을 포장하여 제공한다.

조식 O
가격 도미토리 120kn - 220kn
체크인 오후 2시   체크아웃 오전 7시 - 11시
주소 Siroka ulica 20

호스텔 엘레나 ★★★★☆
Hostel elena

자다르의 바다 오르간을 볼 수 있는 해변 산책로 근처에 위치한 호스텔이다. 조금만 걸으면 바다가 보이고 주변으로 카페와 레스토랑 등 편의시설이 많다. 다만, 주변 거리에서 야외 음악 공연이 열리고 사람들이 많기 때문에 조금 시끄러울 수도 있다. (현금결제만 가능)

조식 X
가격 도미토리 130kn
체크인 오후 12시   체크아웃 오전 11시
주소 Ulica Crila Ivekovica 4

올드 타운 호스텔
Old town hostel

자다르 구시가지 중심 나로드니 광장 옆에 위치한 호스텔이다. 주요 관광지로부터 접근 성이 좋고 주변에 편의시설이 많아 편리하다. 다만, 엘리베이터가 없어 위층에 있는 호스텔로 가기 위해 계단을 이용해야 하는 점은 불편하지만, 내부는 리모델링을 하여 깔끔하고 사용하기에 불편한 점은 없다. 바로 앞 관광 안내소라 언제든 정보를 얻기 편하다. 도착 시 현금결제만 가능하니 참고하자.

조식 X
가격 도미토리 100kn - 150kn
체크인 오전 7시   체크아웃 오전 11시
주소 Mihovila Klaica 5

호스텔 홈 자다르 ★★★★★
Hostel home zadar

자다르의 시내 중심 해변 근처에 위치한 호스텔이다. 주변으로 공원, 카페, 레스토랑 등 편의시설이 많다. 특히 여성 여행자의 경우 그 동안 남녀 혼숙 민박에 불편을 겪었다면 이 곳의 여성 전용 도미토리를 추천한다. 다만, 엘리베이터가 없기 때문에 계단으로 짐을 옮겨야 한다.

조식 X
가격 도미토리 120kn
체크인 오전 7시   체크아웃 오전 10시
주소 Mihovila Pavlinovica 9

Roman Forum

지다르
ZADAR

자다르 소개 (ZADAR)

- 선물로 지어진 도시라는 뜻의 자다르.
- 자그레브에서 버스로 3시간 정도 떨어진 아드리아해 북부연안에 위치한 도시.
- 로마시대부터 문헌에 나오는 3,000여년의 역사를 가진 오래된 도시로 중세시대에는 로마교황청의 직속관리를 받을 정도로 중요건축물을 다수 보유한 도시였다.
- 1920년부터 20여년간 이탈리아의 영토였고 제2차 세계대전 때 완전히 파괴되었으나 복구되었다.
- 고대 로마시대부터 이어져온 요새화된 도시라서 온 도시가 성벽으로 둘러 쌓여 있다.
- 바다오르간 소리를 들으며 석양을 바라보는 것은 자다르의 빼놓을 수 없는 핵심코스!
- 바다오르간은 건축가 니콜라 바시츠가 자신이 자란 도시에 대한 애착과 지식을 녹여놓은 공간
- 자다르의 주차장은 일요일과 공휴일은 주차비가 무료!

관광 안내소

자다르 정보, 지도 제공

전화번호 +385 (0)23 316 166
FAX +385 (0)23 211 781
홈페이지 www.tzzadar.hr
이메일 info@tzzadar.hr
주소 Mihovila Klaića 1, HR-23000 Zadar
운영시간
성수기 8am – 8pm / 주말 상이

> 자다르 공항 사이트
  http://www.zadar-airport.hr/

공항(Airport)

자다르 시내에서 12km, 버스터미널에서 10km 떨어진 자다르 공항은 규모가 작지만 국내선뿐만이 아니라 국제선도 취항한다. 크로아티아 내 여행자들이나 동유럽권 여행자들에게는 공항이용빈도가 매우 낮으나, 영국, 북유럽여행자들은 아일랜드 더블린에서 자다르까지 운행하는 국제선을 타기 위해 많이 이용하는 편이다. 공항버스는 자다르 버스터미널과 공항 사이를 오고 가며 20분 정도가 소요된다.

공항에서 시내로 이동하기

공항에서 자다르 시내까지는 공항버스와 택시가 있다.
거리가 그리 멀지 않고 자다르 시내도 걸어 다니기 충분할 만큼 작기 때문에 대부분의 여행자들은 공항버스를 이용한다.

공항버스 정보

가격 25Kn (편도)
운행시간 5:30-21:00

> 자다르 페르 노선
  시간표 확인
  http://www.croatiaferries.com/zadar-ferry-port.htm

페리

버스와 함께 페리는 자다르에서 많이 이용되는 교통편 중 하나이다.
이탈리아 앙코나 등 국제선부터 위로는 풀라, 아래로는 스플리트와 두브로브니크까지 이르는 국내선도 이용 가능하다. 구시가지에서 매우 가까워 섬들로의 이동이 편리하다.

버스터미널(Autobusni Kolodvor)

구시가지와 버스터미널은 약 2km 정도 떨어져 있다. 크로아티아 내 대부분의 도시와 연결되며 많은 여행자들은 플리트비체, 자그레브 등의 북쪽도시들과의 이동이나 스플리트 같은 남쪽도시들과의 이동이 잦다.
구시가지까지는 로컬버스 2번을 이용하고 약 5분정도 소요된다.
도보로는 20-30분이 소요되는데,
터미널 건너편 앞 대형마트 Konzum을 바라본채 좌측 상부를 향해 직진하면 된다.

주요도시	이동소요시간
플리트비체	약 2시간
스플리트	약 3시간
두브로브니크	약 8-9시간
자그레브	약 3-4시간

Church of St. Donat

∞ 무엇을 볼까? (What to see)

바다오르간 ★★★★★
Morske Orgulje

지난 2005년, 크로아티아의 건축가 니콜라 바시츠에 의해 지어진 설치작품. 많은 여행자들이 이제는 '바다 오르간'을 보러 자다르를 방문할 정도로 자다르의 랜드마크로 사랑 받고 있다. 해변을 따라 만든 산책로에 설치된 75m 길이의 35개 파이프에서 신비로운 바다의 연주를 감상할 수 있다. 파도의 움직임에 따라 바닷물이 공기를 밀어내며 구멍 사이로 소리를 내게 되는데, 파도 소리에 맞춰 매 번 다른 소리가 울려 퍼진다. 유명 영화감독 알프레드 히치콕이 '세상에서 가장 아름다운 일몰'로 극찬했다는 자다르의 일몰을 보며 몽환적인 바다오르간 소리를 함께 듣고 있으면 설렘과 감동, 로맨틱한 시간을 보낼 수 있을 것이다. 세계 유일의 바다 오르간이자 2006년 유러피안 도시 공공장소상을 수상하기도 했다.

주소 Obala kralja Petra Krešimira IV
찾아가는 법 포럼에서 도나타 성당을 바라본 상태에서 왼쪽으로 난 길을 따라 나가면 산책로가 나온다. 바다를 왼쪽에 끼고 도보로 5분거리에 위치한다.

5개의 우물 ★★★☆☆
Trg Pet Burana

16세기 오스만투르크의 공격을 대비해 식수를 공급하기 위해 만든 5개의 우물로 현재까지 보존이 잘 되어있다. 5개의 우물이 작품처럼 일렬로 줄지어 있고 19세기까지 식수공급을 위해 사용되었다.

주소 Trg 5 bunara
찾아가는 법 포럼에서 Madijevaca거리를 따라 도보 10분.
홈페이지 www.hnk.hr

태양에게 인사 ★★★★★
Pozdrav Suncu

바다오르간 옆에 있는 니콜라 바시츠의 또 다른 설치작품. 태양열을 에너지로 변환시켜 커다란 원형의 태양열 전지 판을 밝혀주며 밤이 되면 이 전지 판의 LED 조명이 형형색색으로 바닥을 수놓으며 사람들의 눈길을 사로잡는다.

주소 Zadarska riva
찾아가는 법 바다오르간 바로 옆에 위치

성 아나스타샤 대성당 ★★★★★
Katedrala Sv. Stošije

달마티아에서 가장 큰 성당으로 장미모양의 2개의 창과 3개의 회랑이 돋보이는 로마네스크 형식의 성당이다. 성당 지하에는 성 아나스타샤의 석관과 유품들이 전시되어 있다. 특히 1893년에 완공된 성당 옆 종탑은 자다르에서 가장 높은 건축물로 자다르의 모습을 한눈에 감상하기 좋은 곳이다.

주소 Trg Sv Stosije 1
입장료 15kn(종탑)
찾아가는 법 포럼에 위치

성 도나트 대성당
Crkva Sv.Donata ★★★★☆

자다르에서 가장 오래된 성당이면서 자다르를 상징하는 건물이다.
바로 옆에 위치한 포럼이 제2차 세계대전 당시 무너졌는데 그 잔해들로 성당을 만들었다. 창이 없고 벽이 두꺼운 것이 특징이다. 원형의 웅장한 내부는 현재 클래식 공연 장소로도 사용된다.

주소 Trg Rimskog Foruma
입장료 20kn
운영시간 09:00 ~ 21:00 / 7월-8월 09:00 ~ 22:00
찾아가는 법 포럼에 위치

나로드니 광장
Trg Narodni ★★★★☆

자다르 구시가지 중심에 위치한 나로드니 광장. 바로 옆에 시청이 있어 자다르 시민들의 중심 생활 지역이면서도 관광 안내소가 있어 많은 여행자들이 방문하는 곳이기도 하다. 또한 주변으로 레스토랑, 미술관, 시계탑 등이 있어 언제나 사람들로 붐비고, 광장 주변 곳곳에 열리는 거리 공연과 노천레스토랑들은 광장의 활기를 더해준다.

주소 Narodni trg 23000
입장료 09:00 ~ 21:00 / 7월-8월 09:00 ~ 22:00
찾아가는 법 포럼에서 Siroka거리를 따라가면 위치.
도보 5분이내.

로마시대 포럼
Roman Forum ★★★☆☆

성 도나트 대성당 앞에 위치한 고대 로마시대의 시민광장이다. 그 당시 시민들의 집회장이나 시장으로 이용되었으나, 제2차 세계대전 후 무너져 현재는 그 잔해만 확인할 수 있다. 포럼 주변으로 노천카페가 있어 자다르의 시민들이나 여행자들이 여유롭게 커피를 즐기는 곳이기도 하다.

찾아가는 법 페리터미널에서 도보 5분 거리.
버스터미널에서 도보 15분 거리에 위치.
홈페이지 www.hnk.hr

육지의 문
Land Gate ★★★☆☆

자다르가 베네치아의 지배를 받던 시절 오스만투르크를 방어하기 위해 성벽을 쌓았고 오직 4개의 문을 두었다. 그 중 하나가 육지의 문으로 자다르의 구시가지를 들어가기 위한 입구이다. 문 정면 위쪽의 날개 달린 사자문양은 그 당시 베네치아의 상징이었다.

주소 Trg 5 bunara
찾아가는 법 5개의 우물 맞은편에 위치.
홈페이지 www.hnk.hr

> **" 러브, 크로아티아가 추천하는**
> **자다르 체류기간 : 2일! "**

〉자다르 [Zadar]

자다르 역시 주요관광지가 성벽 내부에 밀집되어 있어오고 루로 충분하다.

허나 멋진 석양을 보러 오는 여행자들은 1박을 하기 충분한 값어치가 있다고 이야기들 한다.

자다르 여행하는 여행자들의 스타일

A. 자그레브, 플리트비체에서 스플리트를 가는 도중에 방문하는 여행자
〉〉 1박2일 또는 당일치기

조식을 포함하지 않는 것이 대부분이다.
숙소가격 아파트형태의 경우 12,000원부터 최대 30000원대까지 저렴한 편이다.
〉〉 가격대가 저렴한 숙소가 많고 종류도 많으니 성수기를 제외하고라면 예약이 따로 필요 없다. 버스터미널과 포럼 사이에 숙소를 잡는 것이 좋은 선택이 될 것이다.

자다르 호스텔 평균가격(1인당가격, 단위: 원)

1인실은 대부분 보유하고 있지 않으며 트윈 실 이상부터 예약이 가능하다.
많은 여행자들은 혼성 또는 남/여 전용 도미토리를 선호한다.

- 2인실 (트윈, 더블 룸) : 평균 12,000~41,000원대
- 도미토리 : 평균 19,000~35,000원대
  〉〉 자다르 호스텔은 성벽 내의 포럼 주변에 잡거나 바닷가 근처로 잡는 것이 좋다.
  버스터미널이나 페리터미널까지 그리 멀지 않으므로 이동하기에는 수월한 편이다.

자다르 물가

자다르의 물가는 자그레브와 비슷한 수준으로 저렴한 편이며
레스토랑의 경우는 체감상 한국과 비슷하거나 조금 저렴한 수준이다.

- 야채, 과일, 공산품 등은 우리나라보다 저렴하다.
- 교통편이 따로 필요가 없을 만큼 작은 도시!
- 저렴한 만큼 기념품들을 사기에도 좋다.

• MEMO •

DATE.

황제의 도시, Split

스플리트
;Split

스플리트 미리 알아두기!

> "한낮엔 달콤한 아이스크림을 먹으며 리바 거리를 걷고, 해가 저물 쯤엔 벤치에 앉아 맥주를 마시며 떠나가는 페리를 바라보고, 밤엔 마리안 언덕에 올라 야경을 감상하다 보면 어느새 하루가 가고, 당신은 스플리트에 푹 빠져든다"

스플리트는 크로아티아에서
자그레브 다음으로 큰 항구도시다.
크로아티아의 역사가 고스란히 서려있는 곳으로,
다수의 건물들이 1700여 년의 세월이 녹아있다.
스플리트는 구시가지와 신시가지로 나뉘는데,
구시가지는 유네스코 세계문화유산으로 지정 돼 있다.
로마의 디오클레티아누스 황제가 마지막 고향으로 택한
이곳엔 그가 여생을 보내기 위해 지은 궁전이 있다.
바로 디오클레티아누스 궁전이다.
시간이 멈춰 있는 보통의 고대 궁전과는 달리
이 궁전 안의 집터는 시민들이 살고 있다.
과거와 현재의 시간이 공존하고 있어
색다른 매력으로 다가온다.

스플리트는 항구, 기차역, 버스터미널이
한 곳에 어우러져 있는 점 역시 매력적이다.
다음 목적지를 정해놓지 않은 자유여행자라면
마음이 끌리는 대로 어디로든 갈 수 있다.
시간적 여유가 된다면, 인근에 있는 흐바르, 코르출라,
브라츠, 비스 등의 아름다운 섬을 여행해보는 것도 좋다.

황제가 사랑한 도시, 스플리트!
그곳의 은은한 매력에 빠져보자.

스플리트 소개 (SPLIT)

- 자그레브에서 이동
  (버스 5시간 / 항공 1시간 소요 / 기차이동은 추천하지 않는다)
- 크로아티아 제2의 도시이자 항구도시
- 유럽에서 일조량이 가장 많은 도시 중 하나
- 인구25만명의 스플리트는 연중 따뜻한 기후를 자랑하며 역사적 유적이 많다.
- 고대유적지와 자연환경 속에서 살아가는 풍경을 맛 볼 수 있다.
- 넥타이를 처음으로 착용한 곳.
- 일찍이부터 해상의 통로였던 곳.
- 점박이 개 '달마시아'종으로 유명한 달마치아 지방의 주도
- 로마 시대 대성당과 비잔틴 고딕 양식 건축물 등이 남아있다.
- 데오클레티아누스 황제의 고향, 황제자리에서 내려와 노후를 보내려고 궁전을 만들었던 곳으로 그 잔재가 많이 남아있다. 계속해서 복원 중이기도 하다.

〉관광안내소 위치

스플리트 버스, 페리 터미널 그린마켓에서 해안도로를 쭉 따라가면 (바다를 오른편에 두고) 왼편에는 버스터미널, 오른편에는 페리 터미널이 있다.

관광 안내소

스플리트 정보 제공.
스플리트 카드(35Kn)판매
(스플리트 명소 무료/할인 입장, 렌트, 식당, 상점, 호텔 할인 등)
열주광장에 관광안내소 별관이 있으나 4pm까지로 시간이 더 짧으니 참고 할 것.

주소
Hrvatskog Narodnog Preporoda 9

운영시간
4월 중순~10월 중순
월~토 8am-9pm / 일 8am-1pm
10월 중순~3월
월~금 8am-8pm / 토 8am-1pm

두브로브니크로 옮기기
>> 버스터미널(4~5km)

1. 버스
필레게이트 버스 정류장에서 8번버스 탑승하여 Main Bus Station에서 하차

- 버스요금
15kn 또는 2유로.
버스탑승하여 기사에게 티켓구매.

2. 택시
90kn 또는 12유로 정도 발생.

>스플리트 버스 시간표 확인

www.ak-split.hr
www.akz.hr
(자그레브 버스터미널 조회/예약 사이트에서 더 쉽게 이용가능하다)

공항(Airport)

한국에서도 스플리트까지 경유 한 번으로 갈 수 있는 노선이 있을 정도로 스플리트 공항은 아주 작지만 대형 항공사들도 취항한다. 스플리트 시내에서 24km 떨어져있는 스플리트 공항은 자그레브에서 국내선으로 50분 정도 소요되며, 프랑크푸르트, 비엔나, 로마 등 유럽 항공편도 이용할 수 있다. 공항이 작아서 줄이 길 때가 많으므로 미리 미리 도착하는 것을 권한다.
버스터미널까지 공항버스가 운행하므로 시내로 이용하기 매우 간편하다.

공항에서 시내로 이동하기

공항에서 스플리트를 오고 갈 수 있는 방법은 공항버스와 택시뿐이다.
가격 차이가 나고 이용하기 어렵지 않을 뿐만 아니라 접근성도 좋기 때문에 대부분의 여행자는 공항버스를 이용한다.

공항버스 정보

가격 30kn (편도)
운행시간 : 05:30~18:10
홈페이지 : www.plesoprijevoz.hr (자그레브, 리예카, 스플리트 공항버스)

페리

바다와 육지를 잇는 허브역할을 하는 스플리트 답게 페리 노선이 잘 발달되어 있다. 근교 섬들인 흐바르, 코르츌라, 브라츠, 비스 등의 섬뿐만 아니라 두브로브니크까지도 이동이 가능하며, 여행자들은 이탈리아 앙코나와 스플리트를 잇는 국제선 또한 많이 이용한다. 선착장 앞 매표소 또는 가장 많은 노선을 운행하는 야드놀리냐 (Jadrolinja) 홈페이지에서 페리 조회/예약이 가능하다.
www.jadrolinja.hr

버스터미널(Autobusni Kolodvor)

스플리트는 크로아티아의 중간에 있는 도시로 어느 도시에서든 버스를 이용하면 평균 5시간 이내에 오고 갈 수 있다.
여느 도시와 마찬가지로 여행자들이 크로아티아 내에서 가장 많이 이용하는 교통수단으로 터미널도 시내와 멀지 않다. 도보로 10~15분 내외! 밤 늦게 출발하여 아침 일찍 도착하는 버스 편을 이용하면 숙박비도 아낄 수 있고 시간도 효율적으로 쓸 수 있다.

주요도시	이동소요시간
자그레브	약 5시간
플리트비체	약 6시간 (자다르, 시베니크 경유)
자다르	약 3시간
두브로브니크	약 4~5시간

버스/페리 터미널에서 시내로 이동하기

터미널에서 도보로 1분이면 여행자거리인 리바거리 끝자락에 도달할 수 있다.
도보로 10분이면 리바거리를 따라 터미널에서 시내까지 갈 수 있으니
바닷가를 따라 이어진 리바거리를 따라 '도보'로 이동하는 것을 추천한다.

Spilt view

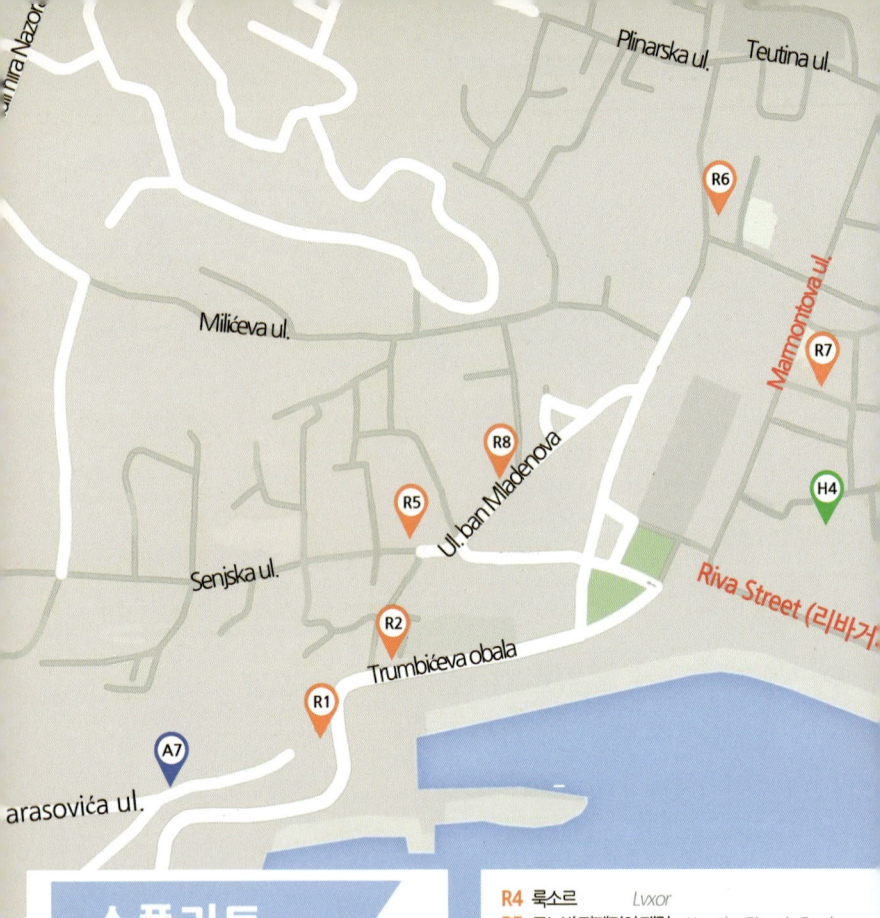

스플리트

볼거리

A1	디오클레티아누스 궁전	Diokelecijanova Palaca
A2	도시박물관	Muzej Grada Splita
A3	성도미니우스 대성당	Crkva Sv.Dujma
A4	열주광장&황제알현실	Trg Peristil & King's council
A5	지하궁전 홀	Sale sotterranee
A6	그레고리우스 닌동상	gregorius Ninski
A7	마리얀언덕	Marjan Hill
Z1	바츠비체해변	Bacvice Beach
Z2	그린마켓	Green market
Z3	리바거리	Riva Street

맛집

R1	피페	Buffet Fife
R2	파스타투고	Pasta 2go
R3	트라또리아 바자몬트	Trattoria Bajamont
R4	룩소르	Lvxor
R5	코노바 피쩨리아 페럴	Konoba Pizzeria Feral
R6	피쩨리아 갈리자	Pizzeria Galija
R7	노스트로모	Restaurant Nostromo
R8	코노바 바로스	Konoba Varos

숙소

H1	러브크로아티아	LoveCroatia in Split
H2	크로파라다이스 그린 호스텔	Croparadise Green Ho
H3	엠마누엘 호스텔	Emanuel Hostel
H4	골리 앤 보시 호스텔	Golly & Bossy Hostel

공공기관

T1	스플리트 공항	Zracna Luka Split
T2	버스터미널	Autobusni Kolodvor
T3	페리터미널	Trajektna Luka
T4	기차역	Željeznički kolodvor Split
P1	우체국	Posta

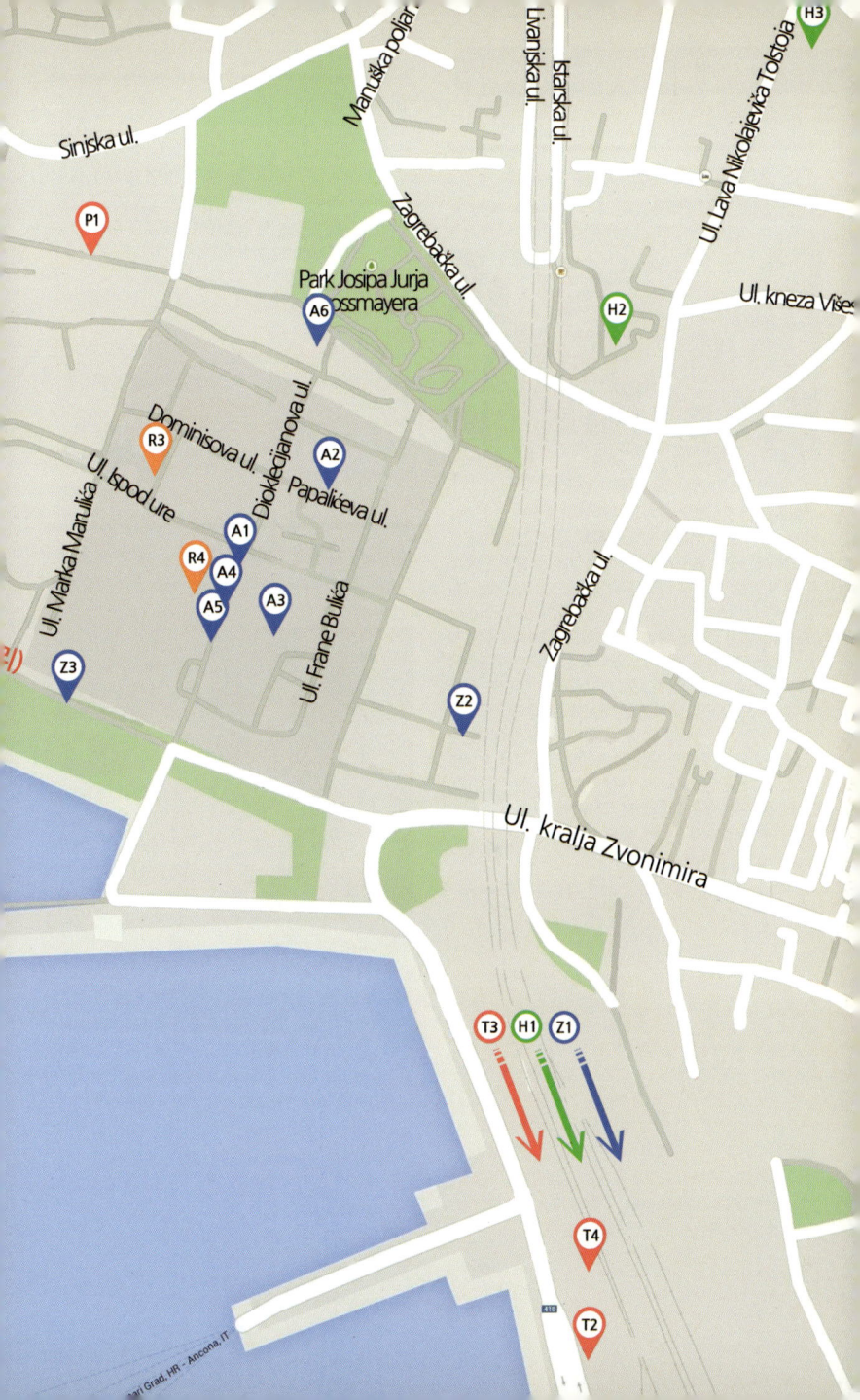

∞ 무엇을 볼까? (What to see)

디오클레티아누스 궁전(세계문화유산)
Dioklecijanova Palača ★★★★★

사회 하층민 출신으로 황제에 오른 로마의 황제 디오클레티아누스가 남은 여생을 보내기 위해 지은 궁전. 로마 유적 가운데 보존 상태가 가장 뛰어나 가장 훌륭한 건축물로 평가 받는다. 정작 디오클레티아누스 황제는 이 궁전이 완성되기 전에 생을 마감한 탓에 단 하루도 이 아름다웠던 궁전에서 여생을 보내지 못했다. 별장이기도 하였지만 한 때 5,000여명 정도가 살았다고 하는 도시형 궁전이기도 하며 외부 침입에 대비한 중요한 요새 역할을 하기도 했다. 1700여년의 역사를 간직한 곳으로 전체 면적이 1만평에 육박하는 적어도 2시간은 들여서 관람해야 할 만큼 넓고 중요한 곳이다. 모든 볼거리들이 이 곳을 중심으로 시작되며 단연 스플리트 여행의 중심이 되는 곳이다. 건물 위로 우뚝 솟은 하얀 탑은 디오클레티아누스 황제의 무덤이 있는 성 도미니우스 성당이다.

주소 Dioklecijanova Palaca
찾아가는 법 페리 터미널에서 도보 3분 거리에 위치. 버스터미널에서 왼쪽에 바다를 끼고 5분정도 걸으면 도착.

STORY

행복한 노년을 꿈꾸던 디오클레티아누스 황제

디오클레티아누스 황제는 절대권력을 행사하고 있을 때 스스로 물러난 황제로 유명하다. 은퇴를 결심하고 왕권을 유지한 상태에서 궁전을 지어서 1만 명 이상의 노예를 동원하고 이탈리아 대리석 등 최고급 자재들을 동원하여 화려하게 지어서 행복한 노년을 꿈꿨다. 하지만, 후대 황제들의 위협에서 자유롭지 못해 자신의 딸과 아내가 납치되어 살해당하고, 유골은 박해당하던 기독교인들에게 무참히 파헤쳐 지지까지 하는 등 그가 꿈꾸던 행복한 노년은 실제가 되지 못했다.

도시 박물관
Muzej Grada Splita ★★★☆☆
A2

박물관 같지 않은 조그마한 입구 때문에 놓치기 쉬운 곳. 선사시대부터 20세기까지 발견된 그림과 장식품, 무기 등과 돌 조각들 등 다양한 전시물들을 관람할 수 있다. 크로아티아 고고학 박물관과는 다른 곳이다.

주소 Papalićeva 1
전화번호 385-21-360-171~2
운영시간
11~4월 : 화-금 09:00 - 17:00, 토 09:00 - 13:00, 일 10:00 - 13:00
3~10월 : 화-금 09:00 - 21:00, 토-월 09:00 - 16:00 * 월요일, 공휴일 휴관
찾아가는 법 디오클레티아누스 궁전에서 Dioklecijanova거리를 따라 200m 직진 후 Papaliceva거리에서 우회전하면 100m 전방 좌측 편에 위치.

성 도미니우스 대성당
Crkva Sv. Dujma ★★★★★

3세기에 디오클레티아누스 왕의 영 묘였다가 7세기가 되어 현재의 대성당으로 바뀌었다. 디오클레티아누스에게 죽음을 당한 성 도미니우스를 위해 지어진 성당이다. 성당을 만들기 전 영묘에 있던 황제의 시신이 갑자기 사라져서 지금껏 발견되지 않았다고 하는 아이러니 한 말이 전해져 내려온다. 대성당 내부에는 성 도미니우스가 안치된 관과 관련 유물들이 전시 중이다. 이곳 종탑을 따라 올라가면 스플리트의 전경을 한 눈에 내려다 볼 수 있어서 매우 좁고 아슬아슬한 철판계단을 따라 올라가기 불편하더라도 언제나 많은 여행자들을 불러모으고 있다. 로마네스크와 고딕양식이 합쳐진 형태로 아치형태의 기둥과 로마식 기둥을 쉽게 볼 수 있다.

추천코스
그레고리우스 닌 - 아르니르 예배당 - 금문 - 도시박물관 - 프로티론 - 주피터 신전 - 성 돔니우스 성당 - 현관 - 지하궁전 입구
주소 Kraj Sv. Duje 5
전화번호 385-21-345-602
운영시간 6 - 8월 : 08:00 ~ 일몰
9 - 5월 : 09:00 - 12:00, 16:30 - 19:30
찾아가는 법 디오클레티아누스 궁전 앞에 위치.

열주 광장 & 황제 알현실 ★★★★★
Trg Peristil & King's council

A4

회의나 행사 등을 주재한 장소로 궁전 내 최대규모의 광장. 하지만 가로세로 각각 35m, 13m 길이에 지나지 않는 광장 치고는 작은 규모다. 광장은 16개의 열주식 대리석 기둥으로 둘러 쌓여 있다. 성 도미니우스 대성당과 이집트에서 가져온 스핑크스가 여행자를 맞이하며, 주변에 유명 노천카페와 레스토랑이 있어 여행자들의 발길이 끊이지 않는 곳이다. 광장 중앙으로 쭉 들어가면 기념품 가게들이 있는 지하로 들어갈 수 있다. 열주 광장 입구 위 계단을 오르면, 디오클레티아누스 시대 당시 황제 알현실로 쓰이던 공간이 나온다.

주소 Stjepana Gunjace bb

그레고리우스 닌 동상 ★★★★☆
Gregorius Ninski

A6

디오클레티아누스 궁전 북문으로 나가자마자 보이는 높이 4.5m의 거대한 동상.
그레고리우스 닌은 10세기 경 크로아티아의 대주교였으며 크로아티아인들이 모국어로 예배를 볼 수 있도록 투쟁한 인물로 크로아티아에서 존경 받는 종교 지도자 중 한 명이다. 1929년 이반 메슈트로비치에 의해 청동으로 만들어진 이 동상은 압도적인 규모와 카리스마 넘치는 모습이 인상적이다.
엄지발가락을 만지며 소원을 비는 사람이 많아서 그런지 동상의 엄지발가락은 유난히 반짝여 눈에 띈다. 이 곳을 방문하는 모든 사람들이 엄지발가락을 문지르는데 그들의 모습을 지켜보고 것 만으로도 재미가 있다.

주소 ulicakralja Tomislava 12
찾아가는 법 디오클레티아누스 궁전 북쪽 Dioklecijanova거리를 따라 200m정도 직진하면 길 끝에 위치.

지하 궁전 홀 ★★★★☆
Sale sotterranee A5

1960년에 발견된 곳으로 발견 당시엔 쓰레기 매립장으로 사용하고 있어 지하 궁이 원형 그대로 잘 보존될 수 있었다고 한다. 내부엔 박물관과 함께 다양한 기념품을 파는 상점들이 밀집해 있다.

마리얀 언덕 ★★★★★
Marjan Hill

A7

스플리트를 한 눈에 보고 싶다면, 스플리트의 전경을 사진 한 장에 담고 싶다면 무조건 방문해야 할 최고의 뷰포인트. 번잡한 스플리트 시내에서 벗어나 있어 조용하고 환상적인 분위기가 매력적이다.
계단이 많아 조금은 숨이 찰 수 있지만 눈 앞에 놓인 풍경이 충분히 보상해 줄 것이다.

주소 Solurat ulica 22
찾아가는 법 왼편에 바다를 두고 스플리트 시내에서 벗어나 5분정도 걸으면 오른쪽으로 난 Marasovica거리변에 올라가는 길이 있다.

바츠비체 해변
Bačvice Beach ★★★★☆

스플리트를 대표하는 해변으로 디오클레티아누스 궁전에서 걸어서 15분 거리에 위치해 있다. 유럽에서 가장 잘 정비된 깨끗한 해변으로 소문이 자자하다. 물이 얕고 아름다워 유럽 여행자뿐만 아니라 많은 세계 각국의 여행자들이 방문한다. 주변에 클럽과 레스토랑도 많아 밤에도 여행자들로 북적인다.

주소 Bregovita Ulica 11
찾아가는 법 스플리트 구시가지에서 도보 15분

리바 거리
Riva Street ★★★★★

디오클레티아누스 궁전 밖 남쪽에 위치한 해변 산책로. 깨끗한 바다 옆으로 높게 뻗은 야자수와 각종 레스토랑과 바, 카페, 상점들이 가득하다. 단정하고 스플리트 특유의 우아함이 돋보이는 곳으로 햇살이 좋은 아침이나 해질 무렵 방문하면 로맨틱한 분위기를 느낄 수 있을 것이다.

찾아가는 법 항구, 터미널에서 왼쪽으로 바다를 끼고 걷다 보면 리바거리가 시작된다.

그린 마켓
Green market ★★★★☆

스플리트의 재래시장. 채소, 과일 등 먹거리들을 저렴하게 판매한다.
하루 종일 열리는 것이 아니라 아침시간에 잠깐 열리니 서둘러야 한다. 채소를 파는 구역, 과일을 파는 구역, 꽃을 파는 구역으로 나뉜다.
스플리트 구시가지와 바로 이어져있어 여행루트를 짜기에 좋다. 스플리트에는 야채와 과일 등을 파는 그린마켓 말고도 해산물들을 파는 피쉬마켓도 있다.

주소 Ulica Stari pazar
찾아가는 법 디오클레티아누스 궁전에서 동쪽으로 나오면 보인다. 항구에서 걸어서 1분거리.

스플리트 파헤쳐 보기!

로마제국의 혼란을 수습하고 황제 중심의 통치 체제를 회복시킨 단 단했지만 악명 높았던 황제, 디오클레티아누스,

그는 제국의 권력을 유지해 나가는데 에는 권력의 집중화가 필요하다고 확신하여 4명의 제국 통치자를 두어 다스리게 했다. 자신은 니코메디아(Nicomedia)를 수도로 하는 동부지역의 황제로, 막시미아누스(Massimiano)는 밀라노를 수도로 하는 서부지역의 황제로 나누어 그 밑에 나란히 두 명의 부제(Cesare)를 임명하여 갈레리오(Galerio)는 디오클레티아누스 황제를 보좌하게 하고, 코스탄초 클로로(Costanzo Cloro)는 막시미아누스 황제를 보좌하게 했다.

탄탄한 군부를 만들어 로마제국의 통치권을 장악한 디오클레티아누스 황제는 원로원의 세력이 영영 회복될 수 없도록 기반을 다져나갔다. 유일한 위배세력은 바로 로마제국 곳곳에 퍼져있던 현재 기독교라 불리는 크리스트 교였다. 디오클레티아누스 황제는 다신교 사회인 로마제국에서 늘 대립할 수 밖에 없던 유일신을 믿는 기독교인들을 잔인하고 광폭한 방법을 동원하여 처형하였다. 디오클레티아누스 황제 통치 시기 처형된 교인의 숫자는 무려 약 3,000-3,500명에 이른다고 한다. 이 숫자는 로마뿐만 아니라 이탈리아 반도를 비롯하여 제국의 속주 전체에서 순교한 사람들을 다 합친 것이라고 한다.

이 시기에 교회들은 상당수 파괴되었으며 성서는 불태워졌으며 모든 그리스도인의 시민권은 박탈위기에 처했으며 로마 신들에 대한 숭배가 강요되었다고 한다. 이어 디오클레티아누스의 사망 후 계승자들 간 투쟁에서 크리스트 교인들의 힘을 받은 콘스탄티누스가 새 황제에 오를 때까지 기독교인들에게는 기독교사에서 가장 힘들고 잔인한 박해를 받은 시기로 전해 내려온다.

Green market, Split

🍴 어디서 먹을까? (Where to eat)

★ ★ ★ ★ ★

Buffet Fife | 피페

해산물 요리 맛집. 한국인들에게 인기가 많아 한국어 메뉴판도 찾을 수 있다. 구이면 구이, 튀김이면 튀김 맛이 일품이고 가격도 저렴하고 양도 많다. 뇨끼, 감자 등 사이드 디쉬를 추가할 수도 있다.

가격 1인 15 – 60kn
운영시간 6:00 – 24:00
주소 Trumbiceva obala 11
찾아가는 법 리바거리 지나 마르얀언덕 계단 올라가는 길 따라 가는 곳에 위치

★ ★ ★ ★ ★

Trattoria Bajamont | 트라또리아 바자몬트

아주 작고 아담한 크기의 해산물 맛집. 그릴요리가 맛있기로 유명하며 통통한 사이즈의 새우리조또도 권할 만 하다. 가격은 주변 음식점보다 조금 비싸지만 싱싱한 해산물을 맛보고 싶다면 한 번 쯤은 들려도 좋을 만한 곳.

가격 1인 60 – 250Kn
영업시간 08:00 – 23:00
주소 Bajamontijeva 3

★ ★ ★ ★ ★

Pasta 2go | 파스타투고

홍콩인이 현지인과 결혼하여 차린 파스타 집. 싼 맛에 배불리 먹을 수 있는 곳. 하지만 맛도 좋다! 파스타와 소스 선택이 가능한 맞춤식 파스타를 제공한다.
파스타 大 30kn, 파스타 小 25kn

가격 1인 25 – 50kn
운영시간 12:00 – 22:00
주소 Trumbićeva obala 6
홈페이지 http://www.pasta2go.hr

★ ★ ★ ★ ★

Lvxor | 룩소르

낭만 가득한 궁전 내 카페. 궁전 내에서 가장 오래된 카페이자 큰 인기로 인해 스플리트의 필수코스로 사랑 받고 있다. 맛보다 분위기가 감탄을 자아내며 라이브를 연주하는 저녁 즈음 찾아가면 좋다. 누구나 들어 봤을법한 음악이 흘러나오는 멋스러운 카페. 계단에 펼쳐놓은 빨간 방석에 앉아있으면 주문하지 않아도 된다. 여기 앉아 생동감 있는 현지인의 모습을 구경해보자.

운영시간 월-목 08:00 – 01:00 / 금, 토 ~02:00
주소 Kraj Sv. Ivana 11
찾아가는 법 열주광장 내 오른쪽에 위치

Konoba Pizzeria Feral | 코노바 피쩨리아 페럴

★★★★★

여러 외국 가이드북들에 소개된 맛집. 짜기만 한 크로아티아 맛에 지쳤을 때 단비를 내려줄 수 있을 집. '진짜 피자'를 맛볼 수 있는 곳.

주요메뉴 및 가격 마르게리따 35kn / 까르보나라 45kn 등
운영시간 07:30 - 23:30
주소 Senjska 2
찾아가는 법 마르얀언덕 골목길로 올라가는 골목 초입부에서 우측

Restaurant Nostromo | 노스트로모

★★★★☆

피쉬마켓 바로 옆에 위치한 해산물 레스토랑. 수많은 요리관련 상패들이 걸려있으며 1층은 Bar, 2층은 레스토랑 분위기로 운영된다. 요리 한 접시에 100-150kn로 가격은 높은 편이지만 맛있기로 유명한 집. 해물도 신선하고, 리조또 종류도 먹기 좋은 꼬들꼬들함이 일품이다. 단, Less salt please! 잊지 말 것.

주요메뉴 및 가격 생선스프 25Kn / 씨푸트 리조또 80Kn / 씨푸드 스파게티 80Kn / 생선구이 440Kn
운영시간 월-일 10:00 - 24:00
주소 Kraj Sv. Marije 10

Pizzeria Galija | 피쩨리아 갈리자

★★★☆☆

피자 맛집. 버섯 피자 강추. 현지인이 더 많이 찾는 곳. 매장 안이 좁은 것이 흠이라면 흠이다. 최근에는 시내에 새로 생긴 더욱 저렴하고 맛 좋은 Gust(Slaviceva1)로 사람이 몰린다.

가격 38 -110Kn
운영시간 월-토 09:00 - 23:30 / 일 12:00 - 23:30
주소 Tončićeva ulica 12

Konoba Varos | 코노바 바로스

★★★★☆

현지인들에게 많은 추천을 받는 레스토랑. 스테이크와 해물리조또, 그리고 현지음식인 페카 등이 한국인의 입맛에 잘 맞고 맛있고 입 소문을 타서 FIFE와 더불어 많은 인기를 누리고 있는 레스토랑이다. 가격도 적당하고 직원들도 친절하다. 식사와 함께 꼭 술을 시켜야 하는 점은 참고할 것! 요리시간이 오래 걸려 예약이 필요할 때도 있다.

주요메뉴 및 가격 해물리조또 78Kn / 스테이크 80-100Kn / 페카 80-125Kn
운영시간 월-일 09:00 - 24:00
주소 Ulica ban Mladenova 7
홈페이지 www.konobavaros.com/hr

Riva street, Split

어디서 잘까? (Where to stay)

러브크로아티아 호스텔 ★★★★★

LoveCroatia in Split

러브크로아티아의 세 번째 지점. 브라체비체 해변 바로 앞에 위치하고 버스터미널과 페리터미널에서 5분거리에 위치한다. 리바거리는 도보 10분내에 위치하고 있어 다니기 편리하다. 한인호스텔이라서 맛있는 한식도 조식으로 제공한다. 바다가 한 눈에 내려다보이는 전망은 또 하나의 행복!

조식 O 가격 도미토리 30~40유로 / 개인실 80~130유로
체크인 오후 1시 체크아웃 오전 11시
주소 Preradovića Šetalište 15

엠마뉴엘 호스텔 ★★★★☆
Emanuel Hostel

디오클레티아누스 궁전과 약 500m 떨어진 곳에 위치하고 있는 기숙사 스타일의 호스텔이다. 깔끔하고 모던한 인테리어로 한국인에게도 많이 알려진 곳이다. 침대마다 커튼이 설치되어 있어 프라이버시를 제공하며 각종 편의시설도 잘 갖추어져 있다. 주방을 사용할 수 없지만 근처에 마트가 많아서 음식들을 사와서 먹을 수 있다.

조식 O 가격 18~30Euro
체크인 오후 1시 체크아웃 오전 11시
주소 Ulica Lava Nikolajevica Tolstoja 20

크로파라다이스 그린 호스텔 ★★★★☆
CroParadise Grenn Hostel

스플리트에서 Blue, green, pink 3곳에서 호스텔을 운영하고 있다. 그 중 그린은 디오클레티아누스 궁전과 버스정류장, 기차역, 페리 포트에서 도보로 약 5분 거리에 위치해 이동에 편리한 곳이다. 밝고 깔끔한 내부시설과 오픈된 발코니에서 아름다운 스플리트의 바다를 감상할 수 있다. TV, WIFI, 주방시설, 인터넷 등 편의시설이 잘 갖추어져 있다.

조식 X 가격 도미토리 60kn ~ 250kn
체크인 오후 2시 체크아웃 오전 10시
주소 Ulica culica dvori 29

골리 앤 보시 호스텔 ★★★★★

Golly & Bossy Hostel

크로아티아에서 가장 유명하다는 호스텔로 크로아티아 건축가에 의해 리모델링 된 디자인 호스텔이다. 디오클레티아누스 궁전에서 약150m 떨어진 곳에 위치하며, 화이트와 옐로우 색상을 포인트로 일반 호스텔과는 차별화된 인테리어가 돋보이는 곳이다. 바, 레스토랑을 함께 운영하기 때문에 편히 식사를 해결할 수 있으며, 미니 영화관과 호스텔 앞 넓은 광장은 여행자에게 다양한 경험을 가져다 준다.

조식 X 가격 도미토리 84kn ~ 240kn
체크인 오후 2시 체크아웃 오전 6시 ~ 10시
주소 Morpurgova poljana 2, 21000

> 스플리트관광청
> 홈페이지
> www.visitsplit.com

스플리트의 축제

디오클레티아누스의 날 (8월 중순)
Feast of St Duje (5월 7일) : 성 두예 축제. 스플리트의 날이라고도 불린다.
　　　　　　　　　　　　　도시 전체가 춤과 노래로 들썩인다.
Split summer Festival (7월 중순~8월 중순)
야외무대에서 오페라, 드라마, 발레, 콘서트를 공연.
SplitFlm Festival (9.13-20일) : 스플리트 국제영화제. 신규 다국적 영화에 중점.
　　　　　　　　　　　　　예술영화들이 많이 상영된다.

스플리트 근교지역

- 마카르스카 : 크로아티아에서 레포츠를 하려면 이곳에 모여라! 레포츠 천국 마카르스카!
- 코르출라 : 마르코폴로의 고향으로 알려진 섬!
- 흐바르 : 대표적인 와인산지이이자 라벤더 최대산지. 유명 셀럽들의 휴양지.
- 브라츠 : 환상의 섬, 천국의 섬. 크로아티아의 보석이라고 불리는 아름다운 섬

> " 러브, 크로아티아가 추천하는
> **스플리트** 체류기간 : **2일!** "

〉스플리트 [Split]

주요관광지가 도보 20분 이내에 모여있다.
주변에 흐바르섬, 두브로브니크 등 경쟁력있는 관광도시가 많이 밀집되어 있고 이 섬들로 연결하는 허브 역할을 한다.

스플리트 여행하는 여행자들의 스타일

A 자그레브(+플리트비체) – 두브로브니크 여정상 들려야만 하는 경유지라고 생각하는 여행자
〉〉 당일치기나 1박2일 체류

B 크로아티아 Big 3여행지로서 스플리트를 주요관광지로 생각하는 여행자
〉〉 1박(최대2박) 체류

C 흐바르 섬이나 자다르 등 근교지역을 둘러보기 위해 잠시 체류하는 여행자
〉〉 당일치기나 1박2일 체류 + 근교 섬 투어

스플리트 호스텔 평균가격 (1인당가격, 단위: 원)

대부분의 호스텔은 조식은 포함하지 않는다.
숙소가격은 룸의 경우 1인당 한화 40,000원에서 70,000원,
도미토리는 35,000원에서 40,000원정도가 보통!

- 1인실 싱글침대 공용욕실 : 39,000원~48,000원대 형성
- 1인실 트윈침대 공용욕실 : 39,000원~43,000원대 형성
- 1인실 트윈침대 개인욕실 : 43,000원~51,000원대 형성
- 2인실(더블침대) 공용욕실 : 40,000원~51,000원대 형성
- 2인실(더블침대) 개인욕실 : 38,000원~68,000원대 형성
- 3인실 개인욕실 : 39,000원~60,000원대 형성
- 도미토리 2인(혼성) : 평균 43,000원대
- 도미토리 4~6인(혼성) : 평균 35,000원~40,000원대
    〉〉 올드타운 근처(구시가지)가 걸어 다니기 편해서 대부분의 숙소가 밀집되어 있음.
    그러나 스플리트는 도시 자체가 작아서 큰 차이는 없다.

스플리트 물가

전반적인 물가수준은 한국보다 저렴하다.
숙박비 / 음식비는 크로아티아 내에서 가장 저렴한 편. 택시, 버스 등의 교통비는 한국보다 비싼 편.

• MEMO •

DATE.

아드리아해의 진주, Dubrovnik

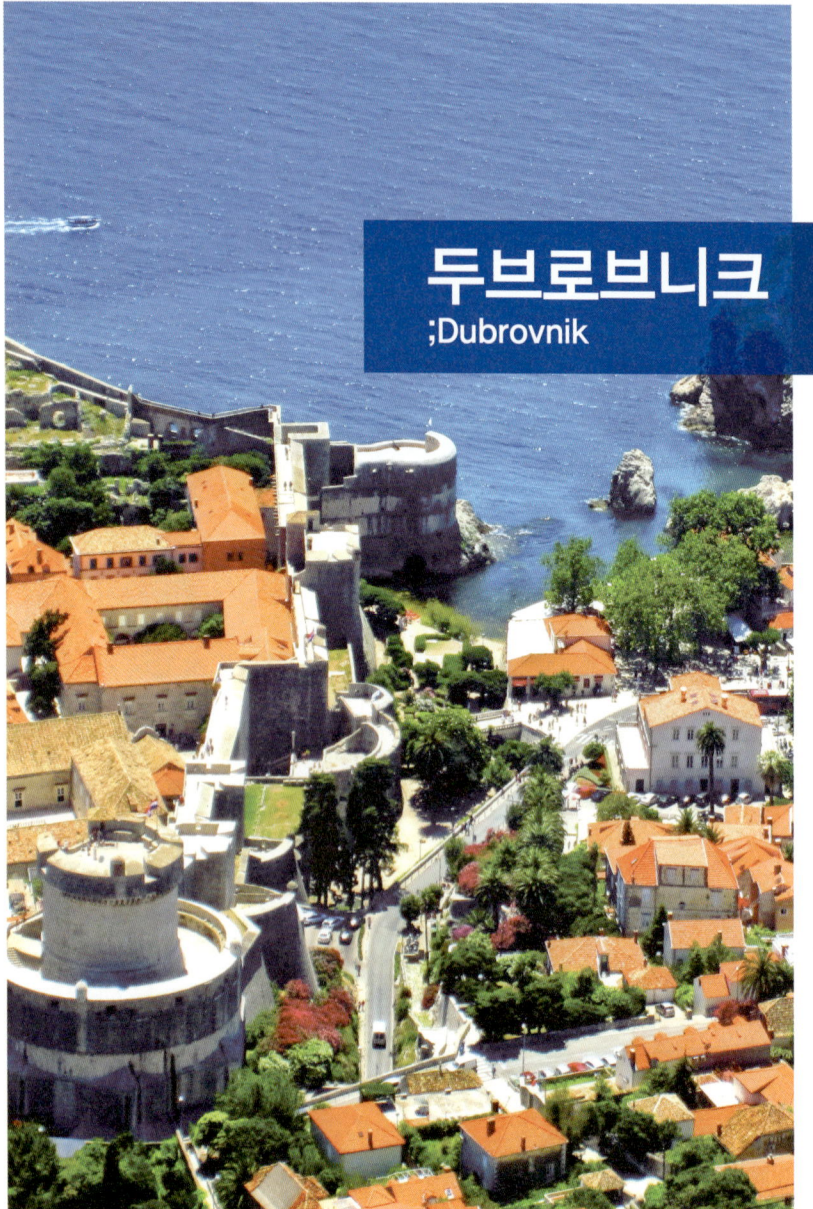

두브로브니크
;Dubrovnik

두브로브니크 미리 알아두기!

> **아드리아해의 진주, 두브로브니크**

크로아티아에서 딱 한군데만 들릴 수 있다고 한다면
많은 이들이 추천할 핵심 중의 핵심!
아드리아해의 진주, 두브로브니크이다.

튼튼한 성벽에 둘러싸인 수많은 주황색 지붕들은
비슷하지만 각각 다른 형태로 여행자들의 눈을 사로잡는다.
방문하는 여행자들이 무조건 하는 것 중 하나는 성벽투어.
끝없이 펼쳐진 아드리아해를 옆에 두고 웅장한 성벽은 걸으며
두브로브니크를 느끼는 일은
'로맨틱'하다는 말 외에는 설명이 되지 않는다.

여느 관광지나 유적지의 모습과는 달리
일상의 삶이 고스란히 베어있는 두브로브니크의 모습은
과거이자 지금 현재의 모습이다.

골목골목을 걸어보기도, 바닷가에 앉아 책 한 권을 읽는 것도..
이 곳에서 하는 모든 행동과 생각들은
두브로브니크를 느끼는 일이 될 것이다.

설명이 필요 없다.
두브로브니크는 선택이 아닌 필수이다

두브로브니크
DUBROVNIK

두브로브니크
(Dubrovnik) 소개

- "너의 손가락을 바다에 담그면 세상은 너의 것이 된다" – 중세 두브로브니크 속담
- "진정한 낙원을 원한다면 두브로브니크로 가라" – 버나드 쇼
- 세상에서 가장 아름다운 골목길을 가진 도시
- 크게 구시가지를 포함한 필레, 플로체, 구르즈, 라파드 구역으로 나뉘는데 구시가지 만으로도 볼 거리는 충분하다.
- 구시가지 전체는 웅장한 성벽으로 둘러싸인 곳으로 16세기에 지어진 성벽의 견고함 속 유구한 역사가 담겨 있다.
- 에메랄드 빛의 아드리아 해와 붉은 색 지붕들의 조화가 눈부신 아름다움을 자랑한다.
- 구 시가지 성벽 내부 전체가 유네스코 세계 문화유산으로 지정

꼭 해볼 것 3가지!

01 아침에 케이블카 타고 산에 올라가 벼랑 끝에 자리한 카페에서 커피 향을 맡으며 황홀한 전경 감상

02 구시가지를 감싸는 2km의 성벽을 돌며 코발트 블루 빛 바다와 붉은 지붕이 아름다운 구시가지 감상

03 배를 타고 바로 앞 로크룸 섬 일주

공항(Airport)

두브로브니크 공항은 두브로브니크 구시가지에서 20km정도 떨어진 Cilipi마을에 자리하고 있다. 크로아티아만을 여행하는 여행자의 상당수는 두브로브니크로 입국하여 자그레브에서 출국하거나 자그레브로 입국하여 두브로브니크로 출국한다. 다른 크로아티아 내 공항들과 마찬가지로 작은 공항이지만 바르셀로나, 취리히, 제네바 등 유럽 주요도시들을 운행하는 노선들이 있다.
자그레브에서 국내선으로 55분정도 소요되고 자그레브-두브로브니크간 국내선은 비성수기에는 하루 1-2편 운행하는 날도 있으니 스케줄을 잘 확인해야 한다.
www.airport-dubrovnik.hr

공항에서 시내로 이동하기

두브로브니크 공항에서 시내로 이동하는 방법은 크로아티아 내의 공항과 마찬가지로 공항버스와 택시, 두 가지 방법이 있다. 택시는 구시가지에서 공항까지 200-250kn의 비싼 가격을 지불해야 하므로 급한 경우가 아니면 추천하지 않는다.

> 공항버스

1. 가격
35kn(편도), 60kn(왕복)

2. 운행시간
04:55-20:00
(시기에 따라 다름)

3. 홈페이지
http://www.atlas-croatia.com/

공항버스 정보

스르지산 케이블카 승강장, 필레게이트를 거쳐 버스터미널까지 운행한다.
공항으로 들어올 때도 역시 역순으로 버스터미널부터 필레게이트, 케이블카 승강장을 거쳐 공항에 도착한다.
두브로브니크 시내까지 20-25분 소요되며 공항 내 ATLAS shuttle bus tickets 창구에서 표를 구입하거나 공항에서 나오자마자 우측 편 공항버스 승강장에서 기사에게 돈을 지불하고 탑승할 수 있다. 기사 쪽 창가에 앉으면 멋진 아드리아해를 만끽하며 시내로 향할 수 있다. 많은 여행자들은 공항으로 되돌아갈 때 스르지산 케이블카 승강장 앞 정류소를 이용하는데 승강장 건너편에 버스 스케줄을 확인할 수 있는 Atlas사무실이 있으니 참고할 것!

> 페리 조회/예약 사이트
www.jadrolinja.hr

페리

스플리트와 마찬가지로 두브로브니크의 페리 터미널과 버스 터미널은 가까이에 위치해있다. 이탈리아 바리와 두브로브니크를 연결하는 국제선이 있으며 스플리트, 자다르 등의 국내 대도시나 믈레트, 코르출라 등을 잇는 노선도 있다. 11-3월은 운행하지 않으니 겨울에 여행하는 여행자들은 참고할 것! 구시가지 내에 있는 올드 항구에서는 작은 규모의 배들이 운행되며 근처 지역인 챠브타트, 로크룸 섬 이동 시 이용된다.

> 국제선 시간표
(두브로브니크-바리)

날짜	시간
6월-8월	12:00-19:30
4-5월, 9-10월	22:00-08:00

버스 터미널(Autobusni Kolodvor)

자그레브, 자다르, 스플리트 등을 오고가는 국내선과 모스타르, 부드바, 코토르 등을 연결하는 국제선 노선이 있다. 자그레브 또는 스플리트에서 야간버스를 타고 아침 일찍 도착하는 여행자들이 많다. 구시가지의 중심 필레게이트까지 시내버스로 20분 정도가 소요되며 정거장이 많지 않아 찾아가기 편하다.

주요도시	이동소요시간
모스타르	약 3-4시간
부드바	약 3시간
자그레브	약 10시간
스플리트	약 5시간

버스/페리 터미널에서 시내로 이동하기

버스 터미널과 페리 터미널은 200m거리에 위치해 있다.
페리 터미널에서 바다를 등지고 왼편으로 200m 정도 걸어가면 버스 터미널이 있다. 버스 터미널에서 1A, 1B버스를 이용하면 필레게이트(Pile gate)까지 20분 정도가 소요된다.

두브로브니크

볼거리

- **A1** 성벽&요새 Gradske Zidine
- **A2** 필레게이트 Pile Gate
- **A3** 오노프리오 분수 Velika Onofrijeva Fontana
- **A4** 렉터궁전 Knezev Dvor
- **A5** 성모승천 대성당 Catedral of the Assumption of the Virgin
- **A6** 프란체스코 수도원&박물관 Franjevački samostan&crkva male braće
- **Z1** 전쟁사진 갤러리 War Photo Limited
- **Z2** 루자광장 Trg Luza
- **Z3** 반예해변 Banje Beach
- **Z4** 스르지산 케이블카 Srd Hill Cable car

맛집

- **R1** 강남스타일 Gangnam Style
- **R2** 피쩨리아 타바스코 Pizzeria Tabasco
- **R3** 부자카페 Café Buza
- **R4** 두브라브카1836 Dubravka 1836
- **R5** 레디피피 Lady Pipi
- **R6** 프로토 Proto
- **R7** 나우티카 Restaurant Nautika
- **R8** 코노바로칸다페슈카리야 Konoba Lokanda Peskarija

숙소

- **H1** 러브크로아티아 호스텔 Lovecroatia in Dubrovnik
- **H2** 올드타운 호스텔 Old town Hostel
- **H3** 에디호스텔 Eddie's Sea View Rooms Old town
- **H4** 호스텔앤룸스안나 Hostel & Rooms Ana

∞ 무엇을 볼까? (What to see)

성벽 & 요새 ★★★★★
Gradske Zidine

필수코스. 성벽을 따라 걷지 않고서야 어떻게 두브로브니크를 제대로 봤다고 할 수 있을까? 성벽 내부 전체가 유네스코 세계문화유산으로 지정되어 있는 이 성벽은 세계에서 단연 가장 멋진 성벽이자, 두브로브니크에게 이러한 유명세를 가져다 준 주인공이다. 보통 서쪽 필레게이트 쪽에서 성벽 투어를 시작하는데 천천히, 풍경도 만끽하고 앉아서 쉬기도 하고, 사진도 찍으며 여유 있게 둘러보아도 2~3시간이면 충분하다. 주황색 지붕들이 매력적인 두브로브니크의 풍경을 두 눈으로 확인할 수 있고 위에서 내려다보는 분위기 있는 두브로브니크 골목의 모습도 느낄 수 있다. 붐빌 때는 동쪽의 플로체게이트(Ploce gate)를 이용하여 입장하는 것을 추천한다. 매표소는 필레게이트, 플로체게이트, 페리선착장 근처에 있다.

입장료 성인 100kn / 학생 30kn(국제학생증 소지 시)
주소 Palmoticeva ulica 3
운영시간

날짜	시간
1-2월	10:00 - 15:00
3월	9:00 - 15:00
4-5월	9:00 - 18:30
6-7월	8:00 - 19:30
8월1일-9월15일	8:00 - 19:00
9월16일-10월31일	9:00 - 18:00
11월-12월	9:00 - 15:00

필레 게이트 ★★★★★
Pile Gate

두브로브니크 여행의 시작점이 되는 근사한 게이트. 외부 게이트를 통과하면 1460년에 만들어진 내부게이트가 나타나고 스트라둔(Stradun)이라 불리는 플라차 보행로가 보인다.

주소 Ulica Vrata od Pila.

오노프리오 분수 ★★★★☆
Velika Onofrijeva Fontana

올드타운 성벽 정문 근처에 위치한 두브로브니크의 랜드마크 중 하나로 필레게이트로 들어가자마자 바로 앞에 위치하고 있다. 돔 모양의 커다란 형태로 16개의 각 면에는 동물과 사람의 형상이 새겨져 있다. 식량과 물 부족으로 시달리던 옛 시절 만들어져 현재도 여행자들에게 식수를 공급하고, 많은 여행자들의 휴식처로 사용되고 있다.

주소 Svetog Spasa
찾아가는 법 필레게이트로 들어오면 바로 보인다.

렉터 궁전 ★★★★☆
Knezev dvor

두브로브니크의 총령이 지냈던 곳으로 집무실과 감옥으로 사용되던 곳이다. 당시 귀족들의 생활을 엿볼 수 있는 다양한 유물들이 전시되어 있다. 여름 축제기간에는 안쪽 뜰에서 음악공연이 열리기도 한다.

성모승천 대성당 ★★★★★
Catedral of the Assumption of the Virgin

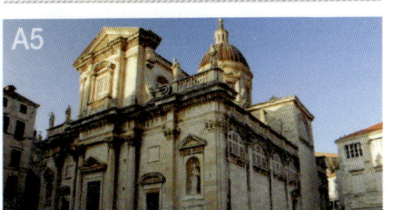

두브로브니크 대성당이라고도 불린다. 두브로브니크에서 가장 큰 성당으로 기존 로마네스크 양식이 지진으로 파괴되어 바로크 양식으로 재건축되었다. 정교한 제단으로 유명한데 그 중에서도 특히 보라색 대리석으로 만든 성 요한 네포무크(St John Nepomuk) 제단이 유명하다. 높이 솟은 돔 모양의 지붕이 아름다우며 내부 성당 금고에는 성 블라이세(St Blaise)의 유물 및 대장간에서 만든 금. 은. 성해함이 있다.

주소 Poljana marina Drzica 1
입장료 10Kn(국제학생증 소지 시 학생 5kn)
개장시간 5-10월 : 월-토 08:00 - 17:30, 일 11:00 - 17:30
　　　　11-4월 : 10:00 - 12:00, 15:00
찾아가는 법
플라차대로 끝에서 우회전해서 쭉 직진하면 거리 끝에 위치.

프란체스코 수도원& 박물관 ★★★★☆
Franjevački samostan&crkva male braće

화려한 조각들로 유명한 프란체스코 수도원은 지진 때문에 현재 수도원 입구에만 장식이 남아있다. 입구에 있는 미켈란 젤로의 3대 걸작인 피에타 조각상은 많은 여행자들에게 감동을 선사한다. 박물관은 약의 역사와 약을 제조하던 제약기구들이 전시되어 있고, 수도원 내부에는 1317년에 설립된 '말라 브라차 약국'이 있다. 유럽에서 세 번째로 오래된 약국으로 천연허브를 사용한 화장품을 만들어 판매하고 있으며 두브로브니크를 들린 여성 여행자들의 많은 사랑을 받고 있다. (약국만 들릴 경우에는 입장 무료)

주소 placa 2
입장료 성인 30kn / 학생 15kn(국제학생증 소지 시)
운영시간 11-3월 9:00 - 17:00 / 4-10월 9:00 - 18:00
찾아가는 법 필레게이트로 들어와서 플라차대로를 따라 50m 정도 걷다 왼쪽에 위치.

전쟁사진 갤러리 ★★★☆☆
War Photo Limited

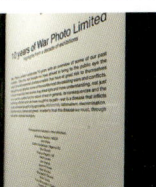

강력한 체험을 안겨 줄 최첨단 전쟁사진 갤러리. 1990년대 발칸반도에서 활동한 종군기 웨이드 고더드(Wade Goddard)가 큐레이팅한 사진을 전시한다. 이 갤러리의 목적은 전쟁의 참상을 까발리는 것이다. 전쟁의 부당함과 부패 등을 여과 없이 그대로 알려준다. 자극적이고 강렬한 이미지와 침착한 목소리를 통해 전쟁의 결과를 보여준다. 11~4월에는 문을 열지 않는다.

주소 Antuninska 6
입장료 30Kn
개장시간 6-9월 : 9am - 9pm, 5-10월 : 화-토 9am - 3pm, 일 ~1pm
찾아가는 법 플라차거리에서 좌측 Antaninska거리가 보이면 좌회전.

루자 광장
Trg luza ★★★★☆

올드타운을 대표하는 광장인 루자 광장은 스트라둔 대로 동쪽 끝에 위치하고 있다. 광장 정면 35m 높이의 종탑을 중심으로 왼편에는 스폰자 궁전, 오른편에는 성브라이세 성당이 있다. 여러 유적지를 쉽게 이동할 수 있어 언제나 관광객들이 붐비는 곳이다. 종탑에서 바라보는 두브로브니크의 광경은 많은 여행객들을 사로잡을 만큼 아름답다.

주소 Luza ulica

반예 해변
Banje Beach ★★★★☆

구시가지에서 가장 가까운 해변으로 규모는 그리 크지 않지만 많은 여행자들의 사랑을 받는 곳이다. 여름에는 전 세계에서 모인 여행자들로 발 디딜 틈이 없을 정도이다. 저녁에는 해변 전체가 비치클럽으로 변해 흥겨움으로 들썩인다. 아름다운 두브로브니크의 풍경을 보기에도 아주 좋은 곳으로 꼭 방문하자.

주소 Frana Supila bb
찾아가는 법
구시가지에서 플로체 문에서 나와 10분 정도 걸으면 보인다.

스르지산 케이블카
Srd Hill Cable car ★★★★★

두브로브니크를 한눈에 보고 싶다면 스르지산 케이블카를 추천한다. 푸른 바다와 주황색 지붕들이 오밀조밀 모인 모습은 성벽에서 바라보는 두브로브니크와는 또 다른 매력을 풍긴다. 특히 스르지산 정상에서 바라보는 저녁노을은 여행자들 사이에서도 입 소문이 자자하다. 정상에 위치한 레스토랑에서 식사를 하며 야경을 감상하는 것도 추천!

주소 Ulica Kralja Petra Kresimira IV 4
찾아가는 법
필레게이트 입구에서 성벽을 따라 왼쪽으로 걷다가 주차장 끝에서 좌회전해서 더 올라가면 승강장이 보인다. 플라차대로에서 왼편으로 Boskoviceva거리를 따라 쭉 나오면 찾을 수 있다.

이용료 성인 왕복 100Kn 편도 60Kn
　　　　어린이(4~12세) 왕복 50Kn 편도 30Kn
　　　　종일권 150Kn
운영시간

날짜	시간 (9:00~)
12-1월	~16:00
2-3월, 11월	~17:00
4-5월, 10월	~20:00
6-8월	~24:00
9월	~22:00

두브로브니크 기념품 보기!

두브로브니크에서만 구할 수 있는 기념품?
장미크림!!

크로아티아 두브로브니크를 방문하면 꼭 하나씩 사오는 것이 있다. 이름하여 장미크림!(krema od ruza). 천연 재료를 사용해서 만들기 때문에 자극적이지 않아 여성 여행자에게 많은 사랑을 받는 크림이다. 가장 유명한 크림이 장미 크림이고 그 외에 라벤더, 오렌지 등 다양한 종류의 크림들이 있다. 유럽에서 3번째로 가장 오래되었다는 말라브라차 약국에서만 제조되는 이 크림은 약국 자체에서도 소량생산 될 뿐만 아니라 한국에서는 정말 구하기 힘든 화장품이라고 알려져 있다.

크로아티아 내에서도 오직 두브로브니크에서만 구입할 수 있는 희귀 아이템이기에 선물용으로도 아주 좋다. 한국에서는 두 배 이상에 인터넷 카페 등에서 팔리고 있으니 두브로브니크를 찾는다면 꼭 들려서 구입할 것!

위치 두브로브니크 프란치스코 수도원 내의 말라브라차 약국
가격 70kn(50ml)

krema od ruza
장미크림

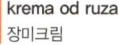

Placa street

🍴 어디서 먹을까? (Where to eat)

★ ★ ★ ★ ★

Gangnam Style | 강남스타일

추천!

크로아티아 유일의 한국 음식점. 두브로브니크 여행의 시작점인 필레게이트 내 오노프리오 분수앞에 위치하고 있으며 한국인셰프가 직접 요리하는 다양한 종류의 한국음식을 맛볼 수 있다. 소주가 그립다면, 한국음식이 그립다면 고민하지 말 것.

운영시간 (한식) 11:00 - 22:00
위치 Pile gate 내 Onofrio분수 옆
메뉴 김밥, 비빔밥, 제육볶음, 불고기 백반, 닭볶음탕, 초밥 등
가격 35~105Kn
주소 Poljana Paska Miličeviča 1

★ ★ ★ ★ ★

Pizzaria Tabasco | 피쩨리아 타파스코 R2

두브로브니크 내에서 가장 맛있다는 피자가게! 물가 비싼 두브로브니크에서 저렴하고 맛있는 한끼를 해결하고 싶다면 이곳을 추천한다. 피자뿐 아니라 라자냐도 제공하고 배달도 가능하다.

가격 피자 45kn - 80kn / 라자냐 45kn
운영시간 9:30 - 23:00
주소 Cavtatska ulica 11, 20000, Dubrovnik

★ ★ ★ ★ ★

Cafe Buza | 부자카페

레몬맥주 추천. 가파른 절벽에 위치한 이색적인 카페. 일몰 명소로 유명하다. 모든 가이드북에서도 추천하는 곳! 꽃보다 누나에도 등장했던 곳.
두 군데가 있으며 어느 곳을 가도 아름답고 예쁜 아드리아해의 광경을 즐길 수 있다.

주소 South of main street in Old Town

★ ★ ★ ★ ★

Dubravka 1836 | 두브라브카 1836

필레게이트 바로 옆에 위치한 전망 좋은 레스토랑 겸 카페이다. 성벽 너머로 아드리아해가 보이는 최고의 테라스를 가진 곳으로 위치에 비해 가격이 저렴한 곳이다. 다국적 메뉴 위주로 되어있어 대부분의 음식이 입맛에 맞으며 현지인은 주로 신선한 생선, 리조또, 샐러드, 피자, 파스타를 주문한다.

가격 60kn - 180kn
운영시간 08:00 - 23:00
주소 Brsalje ulica 1, 20000, Dubrovnik

★★★★★

Lady Pipi | 레이디 피피

한국 여행자들에게 인기가 많은 스테이크 맛집이다. 화덕에서 직접 구워주는 스테이크와 푸짐한 양으로 성수기에는 항상 사람들이 붐비는 곳이다. 전망이 좋은 2층 좌석은 늘 인기가 많기 때문에 오픈 전에 서둘러 가는 게 좋다. (가을, 겨울시즌에는 운영안함)

가격 65kn - 150kn
운영시간 09:00 - 22:00,
　　　　　7/8월 09:00 - 23:00
주소 Antuninska ulica 21, 20000, Dubrovnik

★★★★★

Restaurant Nautika | 나우티카

두브로브니크를 들린 유명인사들은 한번쯤 꼭 간다는 레스토랑. 야외 테라스 공간에서 멋진 성벽을 바라보며 낭만적인 식사를 즐길 수 있다. 해안 지역답게 주로 해산물 요리를 많이 먹으며 스테이크, 디저트, 와인까지 풀 코스로 즐기기에 좋은 곳이다

가격 250kn - 400kn
운영시간 12:00 - 24:00
주소 Brsalje 3, 20 000, Dubrovnik 20 000

★★★★★

Proto | 프로토

1886년 오픈한 최고급 해산물 요리 전문점으로 영국의 왕 에드워드 8세와 그의 부인 윌리엄 심슨이 다녀간 레스토랑으로 유명하다. 전통적으로 내려오는 레시피를 이용해 다양한 해산물 요리를 선보인다. 해산물 이외에도 스테이크나 채식주의자를 위한 요리도 제공한다.

가격 150kn - 250kn
운영시간 11:00 - 23:00,
　　　　　스페셜 런치 11:00 - 16:00
주소 Siroka 1 20000, Dubrovnik

★★★★★

Konoba Lokanda Peskarija
| 코노바 로칸다 페슈카리야

고풍스러운 인테리어와 멋진 야외테라스를 자랑하는 해산물 레스토랑. 한국인들이 많이 찾는 레스토랑 중 하나로 한국어 메뉴판도 준비되어 있다. 오징어 튀김, 해산물 리조또가 유명하고, 다른 곳보다 저렴한 가격으로 해산물 요리를 즐길 수 있다.

가격 오징어 튀김 77kn / 해산물 리조또 88kn / 문어 샐러드 50kn
운영시간 08:00 - 24:00
주소 Na ponti bb, 20000, Dubrovnik

Old harbor

어디서 잘까? (Where to stay)

러브크로아티아 ★★★★★
Lovecroatia in Dubrovnik

H1

스르지산 케이블카 타는 곳 바로 옆에 위치해있는 호스텔. 1인 배낭 여행객부터 가족단위, 신혼부부 여행객 등 다양한 타입의 객실이 있다. 신축 건물에 깔끔한 인테리어, 넓은 공간은 여행객들에게 편안하고 아늑한 휴식처를 제공한다. 객실에서는 아드리아 해와 올드타운의 아름다운 전망을 느낄 수 있다. 조식은 제공되지 않지만 1일 1쿠폰 제공으로 올드타운에서 운영중인 한식당 '강남 스타일'에서 무료로 식사를 할 수 있다. 올드타운까지 도보로 2분거리.

조식 △
가격 도미토리 30 - 45유로 / 개인실 60 - 220유로 / 패밀리룸, 스위트룸 150 - 250유로
체크인 13:00 체크아웃 11:00 주소 Cavtatska 15

에디 호스텔 ★★★★☆
Eddie's Sea View Rooms Old town

H3

두브로브니크 여행의 시작점인 오노프리오 분수에서 약 200m 떨어진 곳에 위치한 호스텔이다. 주변에는 레스토랑, 마트, 카페, 갤러리 등 편의시설과 즐길 거리가 많아 편리하다. 해변 근처에 위치하여 아름다운 바다 전망의 객실을 가지고 있고(바다 전망을 원할 시 미리 예약), 카약, 스쿠터, 자전거도 빌릴 수 있다. 당일 결제 시 카드는 불가하니 현금을 준비하자.

조식 X
가격 3인 개인 룸 260kn - 430kn / 더블침대 2인실 280kn - 524kn
체크인 오후 12시 체크아웃 오전 7시 - 10시
주소 U Pilama 7

올드타운 호스텔 ★★★★★
Old town hostel

H2

두브로브니크 구시가지내에서 최고의 위치를 자랑하는 곳으로 한국 여행자들에게 특히 인기가 많은 호스텔이다. 스트라둔 보행자거리와 약 15m 떨어져 있으며, 바로 앞에 플라차 대로가 있어 각종 편의시설을 이용하기 편리하다. 건물은 오래되었지만 객실은 항상 청결한 상태로 유지한다. 조식은 따로 제공하지 않지만 주방에는 늘 시리얼, 차, 주스 등이 채워져 있으니 무료로 먹을 수 있다.

조식 X 가격 도미토리 125kn - 300kn
체크인 오후 1시 체크아웃 오전 11시
주소 Ulica od Sigurate 7

호스텔 앤 룸스 안나 ★★★★☆
Hostel & Rooms Ana

H4

두브로브니크 구시가지 메인 거리에 위치한 호스텔이다. 계단으로 따로 이동할 필요가 없기 때문에 짐이 많을 때도 불편 없이 도착할 수 있다는 장점이 있다. 호스텔 주변으로 편의시설과 즐길 거리가 많고, 반레해변과도 가까워 아름다운 해변을 감상하기도 좋은 곳이다.

조식 X
가격 도미토리 240kn~
체크인 오후 1시 체크아웃 오전 7시 - 10시
주소 Kovacka ulica 4

> 두브로브니크
> 관광청 안내
>
> 홈페이지
> www.tzdubrovnik.hr

두브로브니크의 축제

여름 페스티벌 (Summer Festival)
 - 7월 10일~8월 25일까지. 거리공연 외에 렉터 궁전에서 유료 공연도 열린다.

두브로브니크 카니발 (Dubrovnik Carnival)
 - 2월 말부터 3월 초까지. 크로아티아 전통의상을 입고, 가면을 쓴 거리 악사들의 공연이 펼쳐진다.

차브타트 (Cavtat) : 오래된 건물과 새 건물들이 믹스된 독특한 경관.
 크로아티아 최남단 도시 동화 속 마을.

로크룸 (Lokrum) : 두브로브니크 사람들이 사랑하는 섬. 수많은 공작을 볼 수 있는 섬.

Lokrum Island

| 숨은명소찾기 |

로크룸섬
Lokrum Island

> ## 아름다운 무인도,
> ## 로크룸섬

두브로브니크 성벽을 걷다 보면 두브로브니크 바로 앞에 작은 섬이 하나 보인다.
파란 바닷빛 사이에 온통 초록빛으로 물들어져 있는 섬, 로크룸섬은
두브로브니크를 하루 이상 머무르는 여행자들에게는
빼놓지 않고 방문하는 곳 중 한 곳으로 알려져 있다.
영문 명 Lokrum island, 라틴어로 '마크르멘'이라 불리는 이 섬은
새콤한 과일이라는 뜻에서 유래되었다고 하는데

로크룸섬에서 가장 많이 볼 수 있는 건 다름아닌 공작새이다.
아름다운 깃털들을 자랑하는 공작새는 카페, 해변 할 것 없이
어디서든 여행자들 곁을 떠나질 않는다.
11세기 베네딕트 수도원 때부터 재배한 세계의 이국적인 나무들에서 비롯되었단다.
사람들이 언제나 북적한 두브로브니크에서 아주 조금 떨어져 있을 뿐이지만
평화롭고 조용하며 무엇보다 물이 깨끗하여 수영을 즐기기에 안성맞춤이다.
우리에게는 신기하기만 한 '누드비치'도 있다는 사실!

소나무 숲과 다양한 종류의 나무들은 이 섬을 더욱 푸르고 울창하게 만든다.
여유로운 시간을 즐기고 싶다면, 여행 중에 평화로움을 느껴보고 싶다면
시간을 내어 로크룸 섬을 찾아가보자!

찾아가는 법

페리 터미널에서는 규모가 큰 페리들이 들어오고 나가고
로크룸, 챠브타트 등 가까운 도시들을 오고 가는 작은 페리들은
구시가지 내에 있는 올드포트에 정착한다.
올드포트에 가면 많은 여행사들이 호객행위를 하지만
왕복 배 티켓만 사서 저렴하고 넉넉한 시간을 보낼 것을 권한다.
여름 성수기에는 30분에 한 대, 비수기에도 1시간에 한 대 등
자주 배 편이 있으니 일정조정에도 용이하다.
숙소가 없으니 마지막 배 시간은 꼭 지킬 것!

페리 가격 편도 35Kn, 왕복 70Kn

> **러브, 크로아티아가 추천하는**
> **두브로브니크** 체류기간 : **3일!**

〉두브로브니크 [Dubrovnik]

각종 볼거리와 즐길 거리로 가득한 크로아티아의 핵심여행지.
두브로브니크 자체로도 볼거리가 가득하지만 모스타르, 코르출라, 믈옛, 로크룸 섬 등을 여행하기도 하는 등
주변 관광지들도 여행하기 편리하여 머무는 시간이 다른 도시들보다 상대적으로 긴 편이다.

두브로브니크 여행하는 여행자들의 스타일

A 두브로브니크로 입국하여 북쪽으로 올라가면서 여행하는 여행자

B 자그레브에서부터 남쪽으로 내려왔다가 다시 자그레브로 한 번에 올라가는 여행자
    〉〉 야간버스 혹은 이른 아침 항공편을 통해 자그레브 이동

두브로브니크는 볼거리가 몰려있지만 성벽투어, 전망대, 박물관, 로크룸섬 등
그 매력을 다 즐기기에는 2박 3일로도 부족하다.
플리트비체와 함께 크로아티아의 핵심여행지로 꼽는 두브로브니크를 대부분의 여행자들은 2박3일 혹은 3박4일 정도를 들여 관광한다.

두브로브니크 호스텔 평균가격(1인당가격, 단위: 원)

대부분의 호스텔은 조식을 제공하지 않는다.
- 1인실 : 25,000원~100,000원대 형성
- 도미토리 : 평균 25,000~50,000원대로 비싼 편!

두브로브니크 물가

두브로브니크의 물가는 자그레브, 스플리트, 자다르 등
크로아티아 내 다른 도시들과는 차원이 다르게 비싸다.
크로아티아 북부부터 여행하면서 내려오는 여행자들은
두브로브니크에서 '아 그래, 여기 유럽이었지?' 라는 생각을
곱씹을 정도로 유럽다운(?) 높은 물가를 자랑한다.

파리, 로마 등 서유럽의 대도시들의 물가 정도는 아니지만
식사 한 끼에 2만원은 들여야 할 정도로 물가가 높다.
공산품, 교통, 식료품 등의 전반적인 가격도 다른 도시들보다 조금 높은 편이다.
한국과 비교해도 전반적으로 약 20-30% 물가가 비싸니 참고할 것!

• MEMO •

DATE.

• MEMO •

DATE.

아드리아의 환상적인 섬

아름다운 섬들
| Korcula Hvar | Hvar | Vis&Bisevo | Mljet |

코르츌라 섬 (Island Korcula) 소개

- 코르츌라(Korcula)섬은 아드리아해에서 가장 아름다운 섬 중 하나로, 유네스코 문화유산이자 베니스 상인으로 우리에게 알려진 마르코 폴로의 출생지라는 설이 있어 더 유명해지고 있다.

- 이 곳 사람들이 마르코 폴로의 고향이 코르츌라라고 주장하는 근거는 아주 빈약하다. 폴로라는 성을 지닌 사람들이 있다는 이유가 거의 유일한 근거라니!

- 코르츌라 섬의 역사는 오랜 기간 수십 번 동안 점령되고 병합되는 등 그 주인이 많이 바뀌어왔다. 1990년대에 되어서야 크로아티아인들이 손에 넣었는데 주인이 바뀌고 바뀌는 과정이 12세기동안 이루어졌다고 한다. 허나 이 어수선했던 역사에 비하면 유적과 유물들은 잘 보존되어 있다.

- 코르츌라 섬에는 공항이 없어 배가 이 섬을 들어오고 나갈 수 있는 유일한 교통수단이다. 두브로브니크 또는 스플리트에서 섬 동쪽의 코르츌라온시나 서쪽 항구인 벨라루카로 가는 정기선이 운행한다. 섬의 규모가 크기 때문에 무엇을 볼 것인가를 확실히 정해두고 움직이는 것을 추천한다.

- 코르츌라는 연중 기후가 온화하여 소나무 숲과 지중해성 수목이 섬을 감싸고 있다. 관광업 외 농업, 어업, 수산물 가공업이 주 산업을 이루고 있다.

- 딩가츠(Dingac)와 더불어 크로아티아가 자랑하는 유명와인으로 꼽히는 화이트와인 '뽀쉽(Posip)'의 생산지로도 유명하다. 이 곳에 방문한다면 꼭 먹어보아야 할 것 중 하나!

CROATIA KORCULA ISLAND

- 구 시가지 주변은 성벽에 둘러싸여 있고 거리는 오늬무늬 형태를 띠고 있으며 바람이 잘 통하지만 강풍에 강한 구조도 갖고 있다.
- 베네치아와 많이 흡사해 베네치아에서 볼 수 있는 장식들을 코르츌라 골목 이곳 저곳에서 볼 수 있다.
- 탄탄한 성벽을 따라 옛 길을 걸어보는 것 추천.
  (천천히 한 바퀴 돌아도 15분이면 충분)
- 관광안내소 내의 칭기즈칸 초상화 : 중국과 문화교류를 하면서 마르코 폴로가 중국에 갔던 인연 기념하여 선물 받은 것.
- Vela Luka: 관광지의 때가 묻지 않은 한산하고 운치 있고 순수한 모습을 볼 수 있다.
- 일주일에 두 번 달마티아 전통 춤 공연이 있다.
- 코르츌라에서 대륙으로 짧은 카페리가 있다
  (1~1시간 반 간격으로 운행, 20분 소요)
- Vela Luka에서 직접 두브로브닉으로 가는 버스 있다.

코르츌라 교통

> 여행자들 평균 체류기간 1박

근처 Hvar섬과 묶어서 하루 이틀에 여행하는 여행자가 많다.

페리 정보

야드롤린야 페리 http://www.jadrolinija.hr
크릴로 http://www.krilo.hr/index_en.htm

숙소가격

조식포함 안 되는 것이 보통.
부엌 제공하는 곳들 많음. 아파트 형 숙소가 대부분.

1인실 개인욕실 30,000원대
1인실 트윈침대 개인욕실 52,000-68,000원대
2인실 더블침대 개인욕실 19,000-50,000원대
3인실 개인욕실 19,000-36,000원대

인기호스텔 (구시가지에 몰려있음)

Dragan's Den
(야외수영장, 야외테라스, 가격저렴-2, 3, 4인실, 도미토리 가격 모두 동일)
Nina G,H
Zanetic Apt.
Drvis Blaga Apartments

∞ 무엇을 볼까? (What to see)

성 마르크 성당 ★★★★☆
Cathedral of St.Mark

15세기 코르츌라 섬에서 채굴한 석회암 석재로 지어진 고딕-르네상스양식의 건축물이다. 성당 세례당에는 메스트로비치의 조각품인 Pieta(예수의 시신을 안고 비탄에 빠진 성모 마리아)가 있고, 제단에는 베네치아 화가 Tintoretto의 작품인 세 성인과 수태고지가 장식되어있다. 베니스의 상징인 성 마르코 광장과 성 마르코 성당의 작은 버전으로 불려진다.

주소 Trg Sv Marka
운영시간 9:00 - 14:00 , 17:00 - 19:00

마르코 폴로 생가 ★★★★☆
House of Marco Polo

우리에게 '동방견문록'의 저자로 잘 알려져 있는 마르코 폴로는 1254년 크로아티아 코르츌라에서 태어났다. 그의 생가라 추정되는 여러 곳이 있지만 이 곳에는 믿을 만한 증거가 있다고 한다. 비좁은 생가 내부의 가느다란 탑에는 마르코 폴로에 관한 전시물이 있다. 이 곳에 들린다면 급 경사 계단을 올라 아름다운 아드리아 해의 멋진 전망을 감상하자.

주소 33, Plokata Square (14.Travnja 1921)
입장료 20Kn
운영시간 9:00 - 24:00

그외

철학의 거리

리즈니차 박물관

성화 박물관

🍴 어디서 먹을까? (Where to eat)

엘디
LD

코르츌라에서 가장 유명한 곳으로 아름다운 아드리아해의 전망을 가진 현대적이고 깔끔한 곳이다. 매운 슬로베니아 소시지 스튜, 농어, 패그 지방 양고기, 훈제 참치 카르파초 등이 맛있다. 훌륭한 와인이 많아 소믈리에에게 추천을 받아도 좋을 것이다. 가격 대비 훌륭한 오늘의 메뉴도 추천한다.

가격 메인메뉴 75kn부터
운영시간 8:00 - 24:00
주소 Don Pavla Pose 1-6

코노바 코민
Konoba Komin

친절한 가족이 운영하는 소박하고 분위기가 좋은 곳이다. 코민(센 불, 고기구이, 옛 돌벽, 나무 테이블 덕분에 중세 분위기가 난다. 전문적으로 요리한 양고기, 생선, 굴, 현지 와인이 유명하다. 내부 공간이 좁기 때문에 예약은 필수!

가격 메인메뉴 45kn부터
운영시간 12:00 - 15:00, 18:00 - 24:00
주소 Vl. Frano Gavranic

🏠 어디서 잘까? (Where to stay)

노나 게스트하우스
Nona's Guesthouse

구시가지에서 약 100m 떨어진 곳에 위치해 여행하기에는 최적의 장소인 게스트하우스이다. 건물자체는 오래되었지만 내부는 깨끗하고 주인 부부가 여행에 많은 도움을 준다. 특히 객실 창 너머로 보이는 아름다운 바다 전망은 많은 여행객들의 눈을 사로잡는다.

조식 X
가격 베이직 싱글 160kn / 베이직 더블베드 118kn
체크인 오후 12시 체크아웃 오전 10시
주소 Put Sv. Nikole

 러브크로아티아 호스텔
추천! LoveCroatia in Korcula

마르코 성당 바로 옆에 위치한 러브크로아티아의 4호점. 한국인 뿐만 아니라 다양한 국적의 여행자들도 함께하는 다국적 호스텔이다. 조식으로 맛있는 한식을 제공한다.

조식 O
가격 30유로 - 10
체크인 13시 체크아웃 오전 11시
주소 Trg Svetog Marka

코르출라 시내

볼거리
A1 성 마르크 성당 *Cathedral of St.Mark*
A2 마르코폴로 생가 *House of Marco Polo*

숙소
H1 노나 게스트하우스 *Nona's Guesthouse*
H2 러브크로아티아 *LoveCroatia in Korcula*

맛집
R1 L.D *Lesic Dimitri Restaurant*
R2 코노바 코민 *Konoba Komin*

공공기관
T1 항구 *Korcula harbour*

코르출라 파헤쳐 보기!

베네치아? 코르출라? '동방견문록'으로 유명한 마르코 폴로

베네치아 혹은 코르출라에서 태어났다고 전해지는 마르코 폴로는 우리에게 '동방견문록'의 저자로 잘 알려져 있다. 마르코 폴로는 원나라의 관리로 일하면서 17년동안 이탈리아 동쪽에서 시작하여 유럽, 아랍, 인도, 티벳, 중국, 몽고, 버마, 베트남 등 많은 지역을 다녔다. 옥중생활에서 여행담을 동료들에게 알려주었고 그걸 작가가 기록한 것이 우리에게 전해지는 '동방견문록'이라고 한다.

동방견문록은 마르코 폴로가 여행한 지역의 방위와 거리, 언어, 종교, 동식물 등을 하나씩 기록한 탐사 보고서의 색을 띄고 있는 총 4권의 책이다. 1권은 서아시아와 중앙아시아, 2권은 원나라, 3권은 일본, 동남아, 남아시아, 아프리카 등으로 이루어져 있다. 서양인들에게 익숙하지 않던 동방에 대하여 자세히 언급했다는 긍정적인 평가와 함께 편견도 허구, 부풀리기 등이 적지 않다는 점에서 부정적인 평가도 함께 받고 있다.

우리가 많이 접한 서적이나 교과서 등에서는 마르코 폴로가 베네치아에서 태어나고 베네치아에서 주로 살았다고 써 있지만 이 곳 코르출라 사람들은 강하게 그가 코르출라 출신이라고 믿고 있다는 점에서 둘러보고 느껴볼 가치는 충분하다.

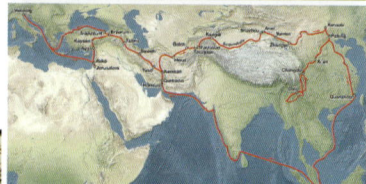

흐바르 섬 (Island Hvar) 소개

- 바다 한 가운데 중세 마을, 평화의 섬 흐바르.
- 스플리트가 소란스럽고 낭만적인 해안도시라면 흐바르는 고요하고 평화로운 섬 마을. (그러나 요즘은 흐바르에 더 많은 사람이 몰린다)
- 가장 아름답고 한가로울 때는 5, 6월!
- 라벤더 섬으로 불릴 만큼 라벤더 재배가 성행.
- 크로아티아 제2의 와인 생산지 (남쪽 적포도주, 중앙평원 백포도주)
- 다운타운 뒤로 산이 있는데 베네치아 요새에서 보는 경치는 환.상.적!
- 스티브잡스, 빌게이츠, 마이클잭슨 등 많은 셀럽들이 사랑했던 휴양지
- 스플리트보다 물가가 1.3~1.5배 비싸다.
- 보트렌트해서 바다수영과 함께 즐기면 최고!
- 물이 아주 깨끗하다.

〉여행자들 평균체류 기간
당일치기 or 1박

놀이를 하려면 숙박을, 그렇지 않은 경우 페리가 수시로 다니기 때문에 당일치기로도 많이 방문한다.

숙소 평균가격

조식 제공안함. 호스텔과 아파트로 이루어짐.
스플리트보다 조금 더 비싼 편.

1인실 50,000~58,000원대
2인실 58,000~ 67,000원대
도미토리 35,000~54,000원대

인기숙소

Helvetia House
(가격저렴, 욕실 크고 넓음, 위치 좋음, 옥상 뷰 좋음)

House Haracic

 여행 팁!

- 요새에서 스테판광장까지 도보로 20~30분
- 스플리트에서는 페리로 1~2시간 거리에 있다는 방법은 두 가지.
   1. 스플리트 항구에서 흐바르로 가는 직행 고속페리를 탑승.
      소요시간은 1시간 5분, 가격은 40kn. [크로아티아 페리 회사 http://www.jadrolinija.hr]
   2. 스타리그라드(Stary grad)까지 카페리 이용 후 버스로 흐바르까지 이동.
      (오전출발도 있음!)
- 흐바르섬에서 나가는 표는 흐바르섬 도착 직후 바로 사 둘 것!
- 흐바르에서 두브로브니크 가는 페리도 있다. pelggrini사에서 화, 목 운행한다.
- 버스정류장 옆 작은 시장의 과일이 싸고 맛있다.
- 파클레니 열도
   - 흐바르를 방문하는 여행자들은 대부분 파클레니를 방문한다. 우거진 작은 섬 21개가 띠를 이루고 있고 투명한 바다, 숨겨진 해변, 인적 없는 석호가 있다.
   - 누드 섬인 예롤림(Jerolim)과 스티판스카(Stipanska) 등 멋진 해변들이 있다.

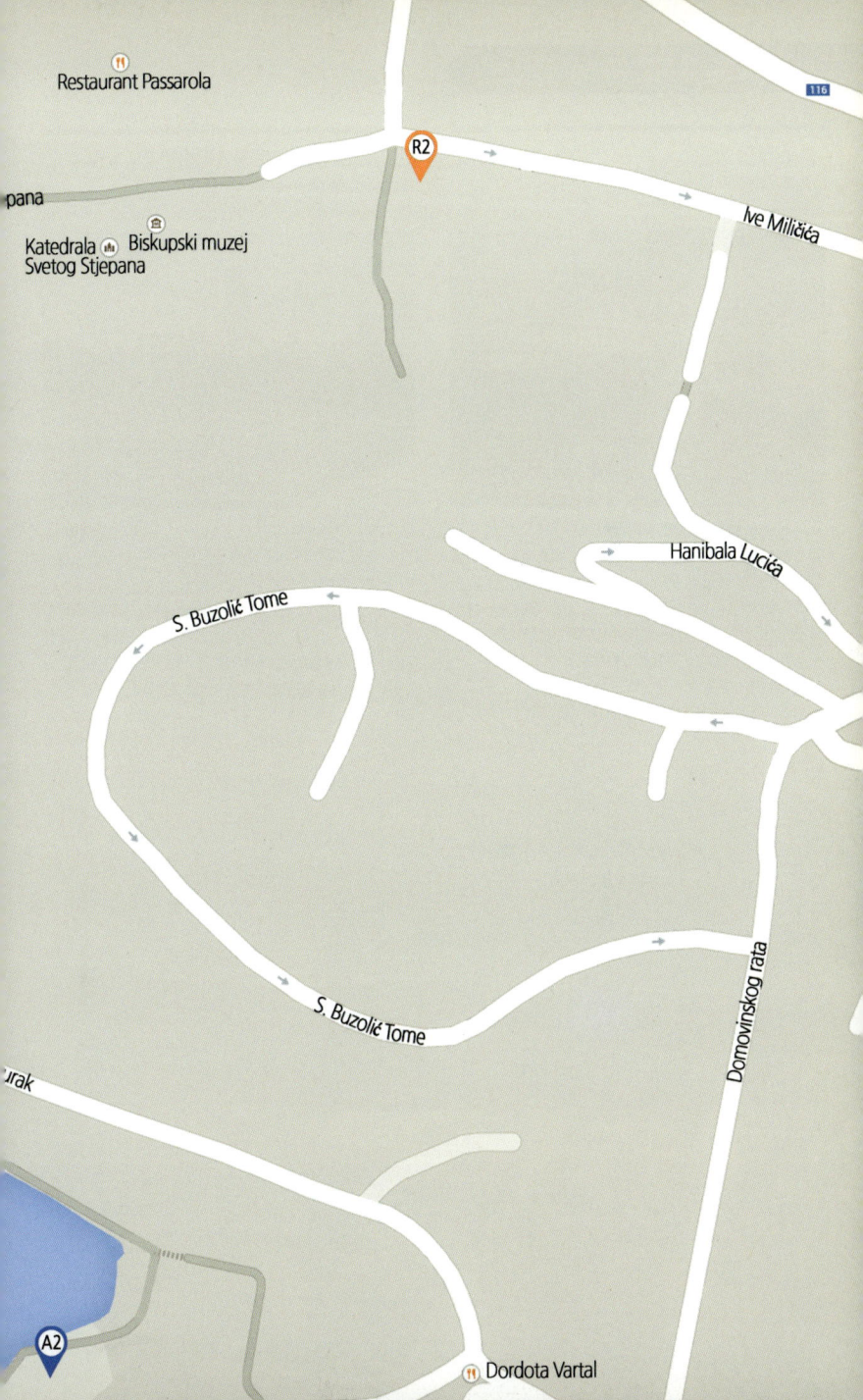

∞ 무엇을 볼까? (What to see)

성 스테판 광장 ★★★★☆
Trg St.Stephen's

구시가지 중심에 위치한 달마티아에서 가장 큰 옛 광장 중 하나이다. 광장주변으로 야외카페, 레스토랑, 기념품 샵 등이 있고 광장의 끝에는 성 스테판 성당이 있다. 광장의 멋진 배경이 되어주는 성당으로 바로 옆에 4층 높이의 종탑이 있다. 따스한 햇살을 받으며 광장 야외카페에서 커피 한 잔 즐기는 여유를 가져보자.

프란치스코회 수도원 &박물관 ★★★★☆
Franciscan Monastery&Museum

15세기에 만들어진 프란치스코회 수도원은 코르츌라 출신의 유명 석공 가문에 의해 건설되었다. 르네상스 양식의 회랑이 있으며 이는 레이스, 동전, 해도(항해용 지도) 등의 귀중한 문건이 있는 식당으로 연결된다. 특히 16세기 말 베니스인 마테오 인골리가 그린 '최후의 만찬'은 여행자들의 눈을 사로잡는다. 바로 앞 해변의 에메랄드 빛 바다에서 여유를 즐겨보자.

🍴 어디서 먹을까? (Where to eat)

달마티노
Dalmatino

여행자들 사이에서 입 소문난 흐바르의 맛집이다. 매번 자리가 꽉 찰 정도로 인기가 많다. 실내뿐 아니라 아름다운 흐바르의 풍경을 배경 삼아 야외에서도 식사를 즐길 수 있다. 해산물 요리는 물론 스테이크와 디저트까지 다양하게 즐길 수 있다. 특히 친절한 스텝이 요리 선택에 많은 도움을 줄 것이다.

가격 60kn - 270kn
운영시간 13:00 - 1:00
주소 Sveti Marak 1

알비즈
Alviz

현지인이 추천하는 곳으로 여행자들 사이에서도 평이 좋은 곳이다. 광장의 성당을 지나 콘줌(슈퍼마켓)옆에 위치해있다. 레스토랑 중앙 예쁜 정원에서 여유로운 식사를 즐길 수 있다. 'Alviz Pizza', 'Mixed Grill'와 구운 채소를 추천한다.

가격 25kn - 170kn
운영시간 월-금 18:00 - 24:00 / 토-일 18:00 - 1:00
주소 Trg Svetog Stjepana | Dolac bb

HVAR

어디서 잘까? (Where to stay)

헬베티아 하우스
Helvetia House

흐바르 리바거리에서 얼마 떨어지지 않은 구시가지 골목에 위치한 호스텔이다. 흐바르의 아름다운 전망을 볼 수 있는 야외 테라스가 있어 여행자들에게 즐거움을 선사한다. 호스텔에서 7분거리에 아파트도 같이 운영하기 때문에 좀 더 편하게 지내고 싶다면 이곳을 이용해도 괜찮다.

가격 100kn - 245Kn
체크인 오후 1시   체크아웃 오전 10시
주소 Burak bb

어서스 호스텔
Earthers Hostel

흐바르의 해변가에 위치한 호스텔이다. 아름다운 정원과 해변은 여행의 피로를 녹여준다. 여행을 좋아하는 주인 덕분에 여행자들을 위한 다양한 액티비티가 많다. 카약, 보트, 하이킹, 섬투어 등 흥미로운 프로그램을 제공한다. 좀 더 역동적인 경험을 원한다면 이곳을 추천한다.

조식 O
가격 도미토리 110kn - 270kn
체크인 오후 2시   체크아웃 오전 10시
주소 Martina Vucetica 11

비스 & 비세보 섬 (Island Vis & Bisevo) 소개

- 비스섬은 크로아티아에서 가장 신비로운 섬.
  낙후된 옛 모습이 오히려 관광객을 끌어당기고 있다.

- 비스섬은 크로아티아에서 가장 유명한 '부가바(vugava, 화이트)', '플라바츠(plavac, 레드)' 와인의 생산지로 수 마일의 포도밭이 펼쳐져 있다.

- 비스 섬은 두 개의 큰 만 아랫부분에 위치한 아름다운 소도시 두 곳으로 나뉜다. 비스 시는 북동쪽에, 코미자는 남서쪽에 있다. 비스 시는 전통적으로 귀족과 관련이 있고, 코미자는 어업, 해적과 같은 노동 계층과 관련되어 있다.

- 블루케이브(현지명 Modra spilja)로 유명한 섬들.
  Vis섬 자체는 인프라도 잘 갖추어져 있지 않다. 맑은 해변을 자랑하는 섬.

〉블루케이브 가는 법 및 정보

1 스프릿 항구에서 비스 섬으로 페리 이동 (왕복 66kn)
2 비스 항에서 서쪽 코미자 (Komiza)로 버스 이동 (왕복 40kn)
3 코미자 부두에서 비세보 섬 (Bisevo)으로 중형 보트택시 이동 (왕복 80kn)
4 비세보 섬에서 작은 보트로 이동 (왕복 40kn)

여행 팁!

- 블루케이브는 오전 11시-12시. 약 1시간만 볼 수 있다.
  이른 아침 비세보에 도착해있어야 하므로, 전날 저녁에 도착하여 다음 날 블루케이브를 구경하고 그 다음 날 아침 나오는 일정이 좋을 것.

- 배삯 : 스플릿-비스 왕복 66kn (2013년 하반기 기준).

- 배는 Jadrolinija회사 매표소에서 발권. 성수기/비수기 배 운항시간이 다르므로 미리 확인할 것.

- 블루케이브는 남풍이 불어야만 들어갈 수 있다.

- 사람이 적을 때는 다이빙과 수영도 할 수 있었지만 보트택시에 타서 구경 가능한 시간은 5분 정도. 그 광경을 위해 모두가 이틀 이상의 일정을 소비하지만 충분한 가치가 있다.

- 비스 섬은 작기 때문에 항구, 부두, 버스정류장, 주요 레스토랑, 선착장은 아주 가깝다. 헤맬 염려 없음.

- Bisevo섬의 Porat해변 : 숨겨진 보물처럼 아름다운 해변이고 크로아티아에서 몇 안되는 모래 해변이다. 아주 작은 Bisevo 섬에 있고 바위 섬에 조각된 것처럼 석회동굴들이 많이 발견된다.

- 비스 섬은 섬 동쪽 끝에서 서쪽 끝이 20분 거리인 아주 작은 섬이지만 버스가 자주 있지 않다. 버스 시간표는 항구 앞 버스 정류장에 붙어있으니 미리미리 확인!!

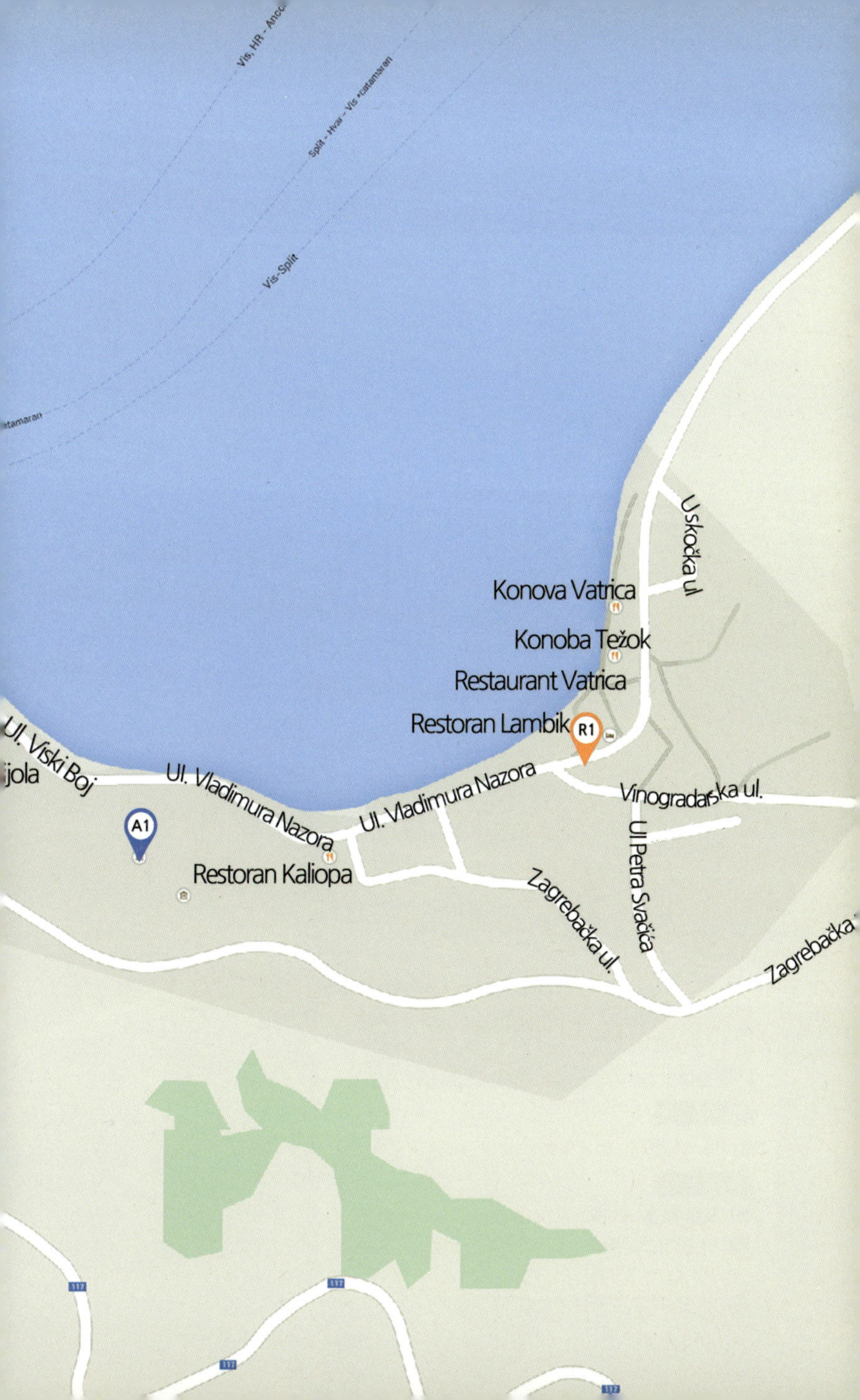

Vis, HR - Anco
Split - Hvar - Vis • catamaran
Vis-Split
catamaran
Uskočka ul
Konova Vatrica
Konoba Težok
Restaurant Vatrica
Restoran Lambik
R1
Ul. Viski Boj
jola
Ul. Vladimura Nazora
Ul. Vladimura Nazora
Vinogradarska ul.
A1
Ul Petra Svačića
Restoran Kaliopa
Zagrebačka ul.
Zagrebačka
117
117
117
117

Ul. Komiskih iseļ
Ul. Vinka Foretića
Ribarska ul.
Ul. don Mihovila
H1
Konoba Barba

비스섬-코미자 지역

볼거리
- **Z1** Porat 해변 *Porat Beach*

숙소
- **H1** 프로비타게스트하우스 *Guesthouse Provita Komiza*
- **H2** 세니자게스트하우스 *Guesthouse Ksenija*

- Ul. Komiških iseljenika
- Podšpiljska ul.
- Ul. Komiških iseljenika
- Ul. Filozofa Petrića
- Biševska ul
- Ribarska ul.
- Put Batude
- Komiža Castle
- Ul. Hrvatskih mučenika
- Ul. Riva Svetoga Mikule
- Konoba Jibro
- Pekara Kolderaj
- KONOBA BAKO
- Obala Pape Aleksandra III.
- Ul. dr. Ante Starčevića

∞ 무엇을 볼까? (What to see)

고고학 박물관 ★★★★☆
Archaeological Museum

19세기초 오스트리아 지배 당시 지어진 것으로 방대한 고고학 전시물들이 소장되어 있는 곳이다. 크로아티아의 문화와 역사 전시물 그리고 크로아티아에서 가장 규모가 큰 그리스 역사 인공물 컬렉션 등이 전시되어 있다.

주소 Setaliste Viski Boj 12
입장료 20Kn
운영시간 월-금 9:00 - 13:00, 19:00 - 21:00, 토 10:00 - 13:00

PORAT해변 ★★★☆☆
Porat Beach

비세보 섬의 서쪽 절벽아래 자리잡은 섬에서 가장 아름다운 해변이다. 도심지에서 떨어진 한적한 곳에 위치해 있으며 수심이 깊지 않아 가족단위로 놀러 가기 좋다. 해변 주변으로 카페나 레스토랑도 있으며 소나무 숲이 있어 뜨거운 햇빛을 피해 시원하게 즐길 수 있다.

주소 Hrvatskih mucenika 2, Comisa

🍴 어디서 먹을까? (Where to eat)

포조다
Pojoda

현지인이 열광하는 해산물 요리 전문점이다. 레몬트리 아래에서 즐기는 신선한 생선요리를 맛보고 싶다면 이곳을 추천한다. 특히 오르조, 콩, 새우를 곁들인 특선요리 '오르비코(Orbiko)'가 유명하다.

가격 200kn~900kn
운영시간 12:00 - 24:00
주소 Don Cvjetka Marasovica 8

롤라 코노바
Lola Konoba & Bar Garden

아름다운 정원에서 로맨틱한 식사를 즐기고 싶다면 이곳을 추천한다. 맛, 분위기, 서비스 모두 갖춘 현지에서도 명성이 높은 곳이다. 신선한 재료를 사용하여 독창적인 메뉴로 많은 사랑을 받고 있다. 바 라운지도 함께 운영하기 때문에 샴페인, 와인, 칵테일 등을 마시며 편안하게 즐길 수 있다.

가격 40kn~500kn
운영시간 18:00 - 24:00 (5월-10월)
주소 Matije Gupca 12

🏠 어디서 잘까? (Where to stay)

프로비타 게스트하우스
Guesthouse Provita Komiza

비스 코미자의 해안가에 위치한 깔끔하고 접근성이 좋은 곳이다. 반도의 끝부분에 위치해 아름다운 바다전망을 가지고 있다. 특히 건물 옥상 위의 테라스에서 바라본 비스 섬의 전망은 모두를 감탄하게 만든다.

조식 X
가격 3베드 200kn, 더블베드 250kn
체크인 오후 2시
체크아웃 오전 10시 - 11시
주소 Don Mihovila Pavlinovica 3, Komisa

세니자 게스트하우스
Guesthouse Ksenija

비스 코미자의 페블리 비치에서 100m 떨어진 곳에 위치한 곳으로 주요 편의시설과의 접근성도 좋다. 모던하고 고급스러운 인테리어에 환상적인 테라스를 가지고 있다. 가족단위의 단체 여행객들에게 추천한다.

조식 O
가격 50유로~150유로
체크인 오후 2시
체크아웃 오전 7시 - 9시
주소 Komiskih Iseljenika 21, Komisa

믈옛 섬 (Island Mljet) 소개

- 하늘과 맞닿은 코발트 빛 소금호수, 신비의 파랑섬 믈옛 국립공원!
- 믈옛 섬은 크로아티아 남서부의 아드리아 해 연안에 있는 달마티아 지방을 이루는 섬들 가운데 하나이다. 두브로브니크 그루즈(Gruz)항에서 배로 1시간 정도에 위치한 섬으로, 1300여 명이 거주하고 있다.
크로아티아에서 가장 오래된 국립공원이 들어서 있다.
대자연의 아름다움을 만끽할 수 있는 섬으로 자전거를 빌려 하이킹을 즐길 수 있다.
- 섬의 규모가 커서 당일치기로는 아쉬울 수 있다. 두브로브니크에서 오고 가는 배가 성수기기준 하루에 단 한 대뿐이라 당일치기 여행자에게 주어지는 시간은 3~4시간이 전부.
- 보통 섬에 도착하면 버스를 타고 이동하여 호수주변을 구경하고, 보트를 타고 호수 내에 있는 섬을 돌아보는 빠듯한 코스
- 섬 내에는 렌트카, 택시, 버스, 자전거 등 이동할 수 있는 교통수단이 있고 관광안내소가 있다. 뿐만 아니라 ATM, 호텔, 약국, 마켓 등 인프라가 갖추어져 있다.
- 섬 대부분은 굉장히 커서 당일치기로는 아쉬울 수 있다.
- 두브로브니크에서 출발한 배는 2시간을 달려 믈옛 섬 우측의 소브라(Sobra)에 하차하고 30분을 더 달려 믈옛 섬의 좌측에 자리한 폴라체(Polace)에 도착한다.
- 산과 호수, 바다가 함께 있어 여유롭게 수영을 하고, 일광욕을 즐기고, 자전거 하이킹도 할 수 있는 각양각색의 매력을 가진 섬.

〉섬정보
www.mljet.hr

〉1. 가는 방법
두브로브니크 버스터미널 맞은 편 * 항구에서 출발.
두브로브니크 필레게이트 앞 관광 안내소에서 시간과 투어상품 등을 확인 할 것

2. 페리 시간표
두브로브니크 항구 출발 시
www.gv-line.hr
이외 항구(코르출라, 스플리트, 자다르, 리예카 등)
www.jadrolinja.hr

3. 비용
두브로브니크 왕복 140Kn.
국립공원 입장료 90Kn

숙소 평균가격
숙소가 많지는 않은 편.
2인실 39,000 – 47,000원대
3인실 35,000 – 50,000원대

추천 체류기간 1박
매우 많은 Sobe간판이 붙은 현지민박집이 있고 유명 호스텔예약채널들을 통해 찾을 수도 있다.

∞ 무엇을 볼까? (What to see)

Malo Jezero (호수)
Veliko jezero (중앙에 있는 큰 호수)
St.Mary's Island

🍴 어디서 먹을까? (Where to eat)

🏠 어디서 잘까? (Where to stay)

마에스트랄 레스토랑
Restaurant Maestral Okuklje

작지만 멋진 서비스와 훌륭한 요리로 유명세를 타는 레스토랑. 해산물 리조또와 생선요리 추천. 4월부터 10월까지 영업한다.

운영시간 1:00 - 24:00
주소 Okuklje 47

부수렐로 게스트하우스
Busurelo Guesthouse

폴라체 부근에 자리잡고 있는 게스트하우스. 10m 앞에만 나가면 멋진 바다를 즐길 수 있으며 슈퍼마켓, 페리 정류장, 자전거 대여점, 레스토랑, 카페 등이 모두 근처에 위치한다. 알록달록한 인테리어가 돋보이는 곳으로 와이파이를 무료로 이용할 수 있으며 바다가 보이는 테라스에 전용욕실을 갖춘 더블룸, 트리플룸이 특히 인기가 있다.

조식 X
가격 더블 룸 190Kn
체크인 오후 1시
체크아웃 오전 10시
주소 Palace 2

MLJET

• MEMO •

DATE.

각 공항의 유용한 정보를 담다!

STOPOVER
; 공항정보

- 러시아 세르메체보
- 독일 프랑크푸르트
- 영국 히드로

✈ 러시아 STOPOVER 정보
유의사항 / 교통안내 / 숙소 / 주변관광지

유의사항

Tip!
넉넉잡아 6시간 이상 체류 시에는 스탑오버로 공항 밖으로 나가서 붉은 광장,
성 바실리 성당 등을 둘러보는 것을 추천한다.
물가가 상당히 비싸므로 면세점 이용은 지양하는 것이 좋다.

01 Aeroflot 항공을 이용하여 모스크바 세르메체보 공항(sheremetyevo)에 도착 시 터미널 확인하고 움직일 것.

02 미리 러시아에서 출발하는 항공편 티켓 받아서 움직일 것.

03 무거운 짐은 최초 티케팅 시 '크로아티아'에서 찾겠다고 말함. 작은 가방은 기내에 탑승하고 러시아 경유 시 가지고 다니자!

04 출발 항공기를 기다릴 때 탑승게이트가 바뀔 수 있으니 수시로 확인하고 대기할 것.

05 무조건 항공기 출발 2시간 전에는 공항에 도착하여 티켓팅 준비.

06 시내로 나가는 데 1시간, 들어오는 데 1시간이라고 생각하면 좋을 것.

07 여권, 거주지 등록증, 출입국 신고서는 여행 중에 항상 소지하고 있을 것.

세르메체보 공항 안내

- 와이파이 무료 (3시간)
- 버거킹, 카페, 면세점 등이 많지 않지만 3-4시간 기다리긴 어렵지 않을 것.
- 충전용 콘센트도 찾아보면 많이 있다.
- F터미널에 샤워장 있음.
- 영어로 대화 가능.
- 가게에서 신용카드 사용가능 (현금은 러시아 화폐인 '루블'로만 결제 가능)
- Luggage Room 이용가능 (유료)
- 미술전시가 열리기도 한다.
- 버거킹 햄버거세트가 약 510루블(18,000원)정도이다.
- 모스크바 물가는 굉장히 비싸고, 모스크바 면세점은 한국 백화점보다도 가격이 비싸다.
- D터미널은 깨끗하지만 좀 추운 느낌이다.
- 캡슐호텔 : 12시간에 4920루블(약 15만원). E 터미널에 위치.

>> 캡슐호텔

캡슐호텔 가격표

The accommodation rates ⟨Easy Jet⟩
(From 00:00 of Monday till 24:00 of Thursday)

Economy Single room (with window)		Economy Double room (without window)		Economy Double room (with window)		Business Triple room (without window)		Business Triple room (with window)	
Hours	Room Price	Hours	Room Price	Hours	Room Price	Hours	Room Price	Hours	Room Price
4	2450	4	2550	4	2780	4	2940	4	3240
5	2770	5	2880	5	3090	5	3480	5	3780
6	3080	6	3310	6	3560	6	3990	6	4290
7	3380	7	3880	7	4190	7	4620	7	4950
8	3690	8	4310	8	4570	8	5160	8	5460
9	4010	9	4830	9	5090	9	5670	9	5970
10	4330	10	5120	10	5410	10	6180	10	6510
11	4650	11	5350	11	5560	11	6420	11	6720
12	4920	12	5560	12	5760	12	6600	12	6930
13	5250	13	5780	13	5990	13	6840	13	7140
14	5540	14	6040	14	6350	14	7140	14	7470
15	5730	15	6310	15	6780	15	7560	15	7890
16	5950	16	6830	16	7190	16	8040	16	8340
17	6140	17	7410	17	7670	17	8460	17	8760
18	6330	18	7760	18	8260	18	8970	18	9300
19	6510	19	7990	19	8660	19	9510	19	9810
20	6690	20	8190	20	8860	20	10080	20	10320
21	6840	21	8320	21	8990	21	10500	21	10590
22	7020	22	8470	22	9120	22	10920	22	10860
23	7170	23	8610	23	9870	23	11190	23	11130
24	7320	24	8730	24	9980	24	11250	24	11400

시내 나가기

공항철도 타기

01 짐을찾고 게이트를 나오면 바닥의 붉은 공항철도 안내 스티커를 확인한다. (못찾았을 경우엔 그냥 왼쪽으로)

02 30~40m 정도 걸어가면 왼쪽 편에 엘리베이터를 타고 3층으로 이동

03 식당을 나와 오른쪽의 공항철도쪽 입구 찾기
(여기서 부터 10분가량 소요)

04 티켓 자판기에서 (창구) 티켓 구입

05 10분전부터 기차탈 수 있음.

06 좌석은 비즈니스 제외하고 아무곳이나 가능.
도착해서는 사람들 나가는 쪽으로 같이 나간다.

공항으로 돌아오는 길

01 자판기 또는 창구에서 티켓 구입
(왕복으로 끊었을 경우 제외)

02 10분전 부터 탑승

03 도착

04 티켓바코드 찍고 공항철도역에서 나오기

시내 나가기

🚈 AeroExpress

- 공항에서 시내로 35분만에 갈 수 있는 AeroExpress (공항철도)
- 타는 곳 : 터미널 D에서 3층으로 올라가서 터미널 E, F를 지나서 공항철도 타는 곳으로 도보이동.
- 무인티켓 기계에서 티켓 발권.
- 가격 : 편도 400루블, 왕복 800루블 (2014. 6월 기준)
- 일반티켓(스탄다르트 (STANDARD) TICKET) : 타는 시간과 자리선정은 승객이 자유롭게 이용한다.
- 왕복이어도 나오는 티켓은 한 장, 버리지 말고 챙길 것!
- 운행시간 : 매시 정각, 30분 (배차간격 30분)
  종착지 : 벨라루스까야 역. 정거장없이 한 번에 도착.

🚇 지하철(Metro)

- 이지느이 (Единый) : 일반티켓 개념
  1장의 가격은 5일동안 사용가능. 금액은 40루블(1500원 전후).
  2장까지 금액은 동일하지만 5장을 살 경우에는 90일간 사용 가능하고 금액은 한 장당 32루블.
  즉, 한 번에 많이 살수록 한 장당 금액은 저렴해진다. 한 번에 한 장씩 사용. 하늘색.

- 1일권 : 200루블(8000원이내). 지하철, 버스, 트램, 트롤바이 모두 무제한 사용가능.

- 90분권
  1장당 가격 50루블(2000원이내). 90분 이내에 지하철, 버스, 트램, 트롤바이 모두를 몇 번이고 사용가능.
  가까운 거리를 왕복으로 이용 시나 환승 많이 해야 할 경우 유용. 창구에서만 구입 가능!
  자판기 판매X, 연두색.

- 트로이카(충전식 카드)
  1회권 요금, 90분 티켓요금 적용.
  보증금 50루블, 최소충전가능금액 28루블, 최대 충전 3000루블.

> 공항철도에서 벨라루스까야역까지 무정차로 한 번에 이동(35분) » 메트로 탑승. 3정거장 이동(녹색) » 레드라인 아훗뜨니 랴드역에서 하차.
>
> Белорусская(벨라루스까야) » Маяковская(마야꼬브스까야) » Тверская(뜨베르스까야) » Театральная(쩨아뜨랄리나야, 녹색), Охотный ряд(아훗뜨니 랴드, 빨강)
>
> (쩨아뜨랄리나야 = 아훗뜨니 랴드 같은 역이니 헷갈리지 않게 주의!)

붉은광장은 레드라인 아훗뜨니 랴드 역과 제일 가깝다.
레드 라인, 그린 라인, 블루 라인이 한꺼번에 지나가고 연결되어 있다.

색깔에 따라 역명이 전부 다르니 레드라인 아훗뜨니 랴드역(Охотный ряд)을 찾아야 한다.

아훗뜨니 랴드의 양쪽 계단이나 에스컬레이터를 타고 밖으로 나오면 크레믈 궁,

녹색 쩨아뜨랄리나야역으로 나오면 볼쇼이극장. 아훗뜨니 랴드로 나오면 여행을 시작하기 좋을 것!

⭐ Tip!

- 자판기에서는 이지느이 1장, 2장, 트로이카 충전 세 가지만 가능!
  참고
  안드로이드어플
  metro yandex.

- 지하철역은 입구와 출구가 구분되어 있다. 색깔과 명칭 확인!

  입구(Вход 브홋)
  출구(выход 븨홋)
  매표소(Касса 까사)

- 목적지가 어디인지 러시아어로 어떻게 쓰는지 안다면 메트로 타기 어렵지않다!
  (영어 팻말 잘 없음)

〉주요 관광지

붉은 광장, 성 바실리 성당, 굼 백화점, 크렘린 궁, 역사박물관, 마네쥐광장, 아르바트 거리, 푸쉬킨 박물관, 볼쇼이 극장 등.

대부분 크렘린궁 주변으로 모여있음

모스크바 간략여행 정보

치안

모스크바는 대도시. 안전하다.
다만, 보드카의 나라답게 많은 젊은이들이 술을 많이 먹고 또 취할 때까지 먹는다. 이른 아침이나 해가 지고난 뒤에 돌발행동이나 혼자서 골목을 걸어가는 행동은 주의해야 한다. 기본적인 안전수칙만 지킨다면 절대 치안이 불안하지 않은 곳이다.

날씨

8월은 우리나라의 여름과 비슷하다.

숙박시설

한인게스트하우스 펜트하우스, 모스크바한인민박 등 70-130유로 (1인실 기준). 픽업비 60USD수준이다. 하루 머물기는 가격이 적당치 않음. 차라리 관광 후 공항 들어와서 캡슐호텔 이용하는 것이 나을 듯 하다.

모스크바 펜트하우스 한인민박

주소 брюсов переулок д2/14с1
숙소 전화번호 7-8-926-221-4388
휴대폰 7-8-926-221-4388
이메일 whbcenter@gmail.com
가격(인당)
럭셔리 싱글 룸 132유로 / 이코노미 트윈 룸 88유로 / 그레이스 트윈 룸 88유로 / 스위트 커플 룸 168유로 / 디럭스 트리플 룸 81유로 / 로얄패밀리 4인룸 73유로 / 비즈니스 싱글 룸 125유로

(아침, 저녁 한식제공. 체크인 아침9시~밤12시 사이 민박주 있는 시간 아무 때나. 체크아웃 12:00)

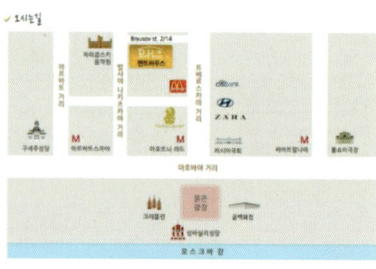

공항 기차를 타고 벨라루스까야역에서 내려 지하철 초록색 선을 타고 볼쇼이 극장 앞에 있는 찌아뜨랄리나야역에서 내려서 뜨베르스까야거리 방향으로 나오면 마호바야 거리가 나온다. 마호바야 거리에서 붉은 광장 쪽으로 직진, 걸어와서 러시아 국회를 끼고 우회전 하면 맥도날드가 보인다. 맥도날드 다음 골목(브류소프 빼레울록거리)에서 좌회전, 중간쯤에 위치해 있는 갈색 "까페"간판 옆에 있는 갈색 대문이며, 오른쪽 벽에 있는 91번을 눌러주면 된다. (역에서 도보 5분)

http://blog.naver.com/whbcenter/40209186258 참고

아르바트 민박

모스크바의 중심거리인 아르바트에 위치하고 있어 모스크바의명소들과 롯데백화점, 대사관 등 주요기관들이 근처에 몰려있다. 조식과 석식을 제공하며 핸드폰을 무료로 대여해 주기도 한다. 지하철 스몰렌스카야역에서 도보로 2분거리에 위치한다.

주소 Malyy Nikolopeskovskiy pereulok, 5, Moskva
핸드폰 001-7-917-556-8005
메일 cmj1022@hanmail.net
가격(인당)
  1인실 130달러 / 2인실 110달러 / 3인실 90달러 /
  픽업비 1800루블(60달러)
  (조식, 석식 제공. 각종 차, 음료 무료제공. 한국TV방송.
  인터넷, 세탁 등)

http://moscowminbak.cafe24.com/ 참고

Landmark Hostel

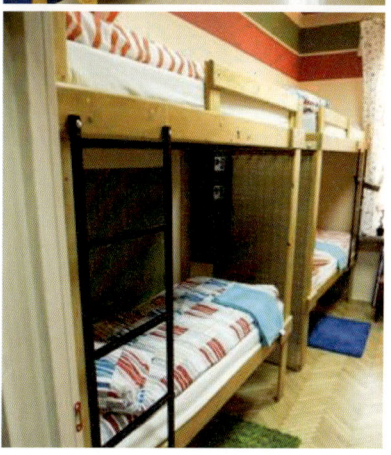

여행자들에게 위치가 좋고 저렴한 숙소로 알려져있다. 주방이 있어 간단한 취사를 할 수 있다. 시간이 부족한 여행자들에게 적격. 붉은광장이 위치한 레드라인 아훗뜨니 랴드역에서 가깝다. (5분거리)

주소 Moscow, Russia, Starovagankovskiy pereulok 15 Biblioteka
가격
  혼성도미토리(6인) 700루블/
  여성 전용 도미토리(8인) 600루블/
  남녀공용 도미토리(8인) 가격동일
  호스텔월드 등에서 예약가능.

∞ 관광지 소개

붉은 광장
Krasnaya Ploshchad, Red Square, Moscow

붉은 광장은 본래 '아름다운 광장'으로 불렸으나, 많은 사람들이 메이데이와 혁명기념일에 붉은색 현수막을 박물관과 굼 백화점 벽 등에 걸고 붉은 깃발을 손에 든 사람들이 광장으로 모이면서 광장이 온통 붉은색으로 물들었다는 데서 유래하여 '붉은 광장'으로 불리게 되었다.

광장 주변에는 레닌의 묘와 성 바실리 대성당, 러시아 국립역사 박물관, 모스크바 최대의 백화점인 굼 백화점 등이 있어 항상 여행객들로 붐빈다.

성 바실리 대성당
Cathedral of Basil the Blessed

이 성당은 '잔혹한 황제' 차르 이반 4세에 명에 따라, 1555년에서 1561년까지 그가 카잔의 타타르 칸 국(kan 國)을 정벌한 일을 기념하기 위해 세워졌다. 결정적인 승리를 거둔 날은 마침 '성모의 전구(轉求) 축일'이었으므로, 성당의 원래 이름도 이렇게 지어졌다. 이후에는 유명한 성인인 '그리스도에 미친 바실리'의 이름을 따 성 바실리 대성당이라 알려졌다.

성당의 원래 디자인은 여덟 개의 예배당이 별 모양으로 배열된 구조였다. 이반 4세의 아들인 차르 표도르 이바노비치가 1588년 성 바실리의 유해를 안장하기 위해 아홉 번째 예배당을 추가로 지었는데, 그는 예전에 이 부지에 있던 성당에 안장되어 있었다. 전설에 따르면, 이반 4세는 성당이 완성된 후 앞으로 성 바실리 대성당의 아름다움에 필적할 만한 건물을 다시 설계하지 못하도록 건축가 포스트니크 야코블레프의 눈을 멀게 했다고 한다. 그러나 이것이 사실인지는 의심스럽다. 야코블레프는 성 바실리 대성당이 완성된 이후에도 여러 채의 다른 건축물을 지었기 때문이다.

대성당은 몇 세기에 걸친 전쟁과 정치적 격변을 거치고도 살아남아 아마 가장 알아보기 쉬운 모스크바의 상징이 되었는데, 러시아에서 가장 공포스럽고 가장 강력했던 통치자 중 한 사람인 이반 4세가 지은 것이다. 우리에게는 세계적인 게임 '테트리스'의 바탕화면으로도 유명한 건축물이다.

주소 4 Krasnaya Ploshad, Kremlin, Moscow

크렘린 궁
Grand Kremlin Palace

모스크바의 크렘린은 12세기에 목조 요새로 만들어졌다. 그러나 1382년 타타르족의 침입으로 모두 불타 버렸고, 15세기에 이반 3세가 이탈리아의 건축가들을 불러 러시아 전국을 둘러보고 러시아의 건축 양식으로 짓게 한 것이 바로 오늘날의 크렘린이다. 성곽과 내부 주요 건물들은 백여 년에 걸쳐 복원되었으며, 스무 개의 크고 작은 고딕 양식 탑, 바로크와 로코코 양식을 대표하는 네 개의 대성당과 성벽 등으로 이루어져 있다. 이곳의 가장 아름다운 건축물들은 대부분 러시아 정교회 사원이다. 모스크바 총주교의 무덤이 있으며, 황제의 대관식이 거행되었던 우스펜스키 성당, 황실 무덤이 있는 아르헹겔리스키 성당, 황실 예배당으로 쓰인 블라고베르첸스키 사원 등이 대표적이다.

이반 대제의 종루는 크렘린 궁전에서 가장 오래된 건축물로 무게가 무려 210톤이나 되는 황제의 종이 있어 관광객들의 사진촬영 장소로 인기가 높다. 특징적인 것은 궁전 안의 많은 건축물들이 이탈리아 건축가들에 의해 만들어졌다는 점이다. 예를 들면 우스펜스키 성당은 아리스토텔 피오라반티가, 아르헹겔리스키 성당은 알레비즈 노브가 이탈리아에서 건너와 건축한 것이다. 당시 건축술이 뒤떨어졌던 러시아가 이탈리아 건축가들을 적극적으로 초빙해 활용했기 때문이다. 덕분에 크렘린 궁전의 건축물들은 서구적이면서도 러시아적인 독특한 아름다움을 가지게 되었다.

레닌의 묘
Lenin's Mausoleum

러시아 혁명의 지도자 레닌의 유해가 안치되어 있다. 1930년에 완성된 벽돌 및 화강암으로 되어 있다. 계단을 내려가면 레닌의 유해가 커다란 유리상자 속에 정장차림으로 누워 있다. 레닌의 묘를 가운데에 두고 양쪽에 스탠드가 있고, 그 뒤쪽으로는 10월 혁명 때 숨진 노동자와 병사의 무덤이 있다.

레닌 묘의 바로 뒤에는 역대 소련공산당 서기장들인 스탈린 · 브레주네프 · 안드로포프 · 체르넨코, 초대 KGB 의장인 제르진스키의 묘가 있다. 소련이 해체된 직후 레닌을 땅에 묻자는 여론에도 불구하고 다수석을 차지한 공산당의 반대로 결렬 되었다고 전해지고 있다.

참고 사이트

http://y21c486.blog.me/80160647998
http://blog.naver.com/arahi428/220026356141

독일 프랑크푸르트 STOPOVER 정보
유의사항 / 환승안내 / 시내관광 / 교통안내

유의사항

- 프랑크푸르트-자그레브간 항공관련 (프랑크푸르트-자그레브 1시간25분 소요)
  작은 비행기라 대부분 버스 타고 활주로로 가서 탑승
  간단한 간식과 음료 서비스.

- 시내까지 지하철로 15분 밖에 걸리지 않아서 환승시간이 4시간 정도여도 충분히 짧은 투어가 가능하다.

- 별도의 입국심사가 없다.

- 시티투어를 위해서는 Bahnhofe(기차역, Train stations)로 향한다
  기차정류장은 터미널1 지하에 있다.

- 티켓자판기는 전부 독일어로 되어있다.
  프랑크푸르트 중앙역(Frankfurt Hauptbahnhof)과 Hauptwache 두 곳의 지명을 기억하자!
  자판기에서는 Einzelfahrt nach Frankfurt라는 빨간 버튼을 눌러 돈을 넣으면 된다.

손쉽고 빠르게 환승하는 방법!

비행기 연결편의 탑승권 발부 여부

- 탑승권을 발부 받았다면?
  탑승권에 표시된 연결편 게이트를 먼저 확인한다. 연결편에 대한 자세한 정보는 공항의 안내 표지판을 이용한다. 비행기 연결 편의 구역만 알 경우에는 일단 해당 구역으로 이동을 한다.

- 탑승권을 아직 발부 받지 않았다면?
  연결편 탑승권을 아직 발부 받지 않았다면 환승구역 내 해당 항공사의 카운터 또는 곧장 연결 편 게이트로 가서 탑승권을 발부받는다. 안내데스크에서도 자세한 정보 얻을 수 있다.
  공용구역의 해당 항공사 체크인 카운터에서도 탑승권을 발부 받을 수 있다.

찾아가는 방법

- 파란색 표지판
  터미널 1의 A, B, C 및 Z 구역 또는 터미널 2의 D 및 E 구역 안내 표지판이다.

- 회색 표지판
  서비스 시설 안내 표지판이다.

☆☆
Tip!
터미널의 안내방송 및 프랑크푸르트 현지 시간을 반드시 참고한다.
탑승시간에 맞춰서 늦지 않게 연결 편 게이트에 미리 도착한다.
탑승시간은 탑승권에 기재되어 있다. 탑승마감시간은 자동적으로 출국시간을 의미하지 않는다.

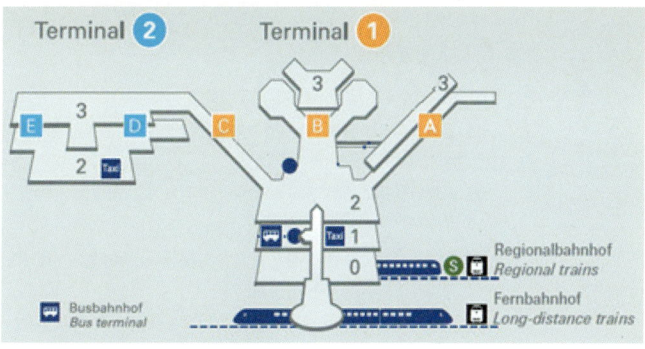

여권심사 및 보안검색 소요 시간

환승할 때 일반적으로 여권심사 및 보안 검색 대를 지나야 한다. 이로 인해 시간을 충분히 가지고 이동을 하는 것이 좋다. 환승시간이 아주 짧은 경우에는 Fast Lanes를 이용하여 가장 빠르게 보안검색 대를 통과 할 수 있다.
Fast Lanes를 이용할 수 있는 편명 및 도착지는 입구 옆 모니터에서 확인 할 수 있다.

긴 이동거리 쉽게 이동하는 방법!

- 이동컨베이어
  전 공항에 설치된 이동식 컨베이어를 이용한다.

- 스카이라인
  A, B, C 및 Z(터미널 1) 구역에서 D 및 E(터미널 2) 구역으로 이동할 때 스카이라인을 이용한다. (2~3분마다 운행)

>> 파란 표지판 참고

수하물 안내

- 대부분의 경우에는 수하물이 최종 목적지까지 자동적으로 전송된다. 그렇지 않을 경우에는 수하물을 수취 대에서 찾은 다음 해당 연결편 항공사로 가서 다시 체크인을 해야 한다. 계속해서 루프트한자 연결 편으로 독일 철도를 이용하여 쾰른 중앙역(QKL), 뒤셀도르프 중앙역(QDU), 슈투트가르트 중앙역(ZWS) 혹은 지크부르크/본으로 가는 승객들은 장거리 기차역 수취 대에서 수하물을 찾아야 한다.

터미널 1 제공되는 서비스

- 루프트한자 비행기 미끄럼틀
- 음료스테이션 (무료)
  : 마끼아또, 에스프레소 등 9가지 메뉴, 티백 음료 무료
- 각종 언어로 된 신문, 잡지 무료
- 휴식 가능한 의자가 잘 비치되어 있다.
- 환승대기 시 매우 좋다.

시내 관광 루트

01 프랑크푸르트 공항 » 프랑크푸르트 중앙역 » 역주변 관광 후 다시 공항 행
02 프랑크푸르트 공항 » 프랑크푸르트 중앙역 » 도보로 뢰머광장까지 구경 후 Hauptwache역에서 지하철로 공항 행
03 프랑크푸르트 공항 » Hauptwache역 » 뢰머광장 및 대성당 + 마인강 유람선 관광 후 Hauptwache역에서 공항 행

- 중앙역 주변에는 큰 상점가 및 각종 Sex shop 등이 많고 Hauptwache역은 뢰머광장과 대성당, 마인강을 돌아보기 좋다.
- 공항이 굉장히 크기 때문에 환승 터미널에 대한 사전 체크 필수!

대중교통

- U-bahn(우반)은 가까운 도심내 지하철을 말한다.
  보통 노선번호가 U1, U2,… 이런 식으로 표시되며, 유레일 패스로 탑승이 불가능하다.

- S-bahn(에스반)은 도심 근교까지 나가는 다소 장거리 노선을 말한다.
  보통 노선번호가 S1, S2,… 이런 식으로 표시되며, 서울/수도권에서 운영되는 국철과 유사한 개념으로 도시 외곽까지 운영된다.
  독일에서는 유레일 패스나 독일패스로 탑승이 가능하며 패스에서 사용가능한 날짜 중 하루를 사용해야한다.

- U-bahn(우반)과 S-bahn(에스반)은 열차가 틀리기 때문에, 본인이 가려고 하는 곳이 U-bahn(우반) 라인인지 S-bahn(에스반) 라인인지 잘 확인하고 이용해야한다.

- 티켓 가격 [2013년 3월기준]
  성인요금 4.25유로 / 어린이 2.55유로
  어린이는 만 6세~14세이하.
  6세 미만 어린이 무료.

✈ 영국 히드로 STOPOVER 정보

유의사항 / 교통안내 / 숙소 / 주변관광지

🌠 유의사항

- 히드로 공항에는 총 5터미널이 있으며 터미널 사이가 멀리 떨어져 있으므로 어느 터미널에 도착하는지 꼭 알아두는 게 이동 계획을 세우기 좋다. 터미널끼리는 공항 셔틀로 쉽게 이동할 수 있으며, 아시아나 항공은 1터미널, 대한항공은 4터미널로 도착한다.

- 공항이 크고 복잡하다. 크로아티아 환승은 보통 2터미널과 5터미널을 오고 간다 터미널 간 이동은 셔틀버스를 이용한다. 10-15분 소요된다.

- 크로아티아 경유 편은 항공사가 런던까지 오는 편이랑 크로아티아 입국편이 다르므로 환승할 터미널로 이동하여 인터내셔널 페신져 창구로 이동하여 세관검사를 거쳐 보딩패스를 발급받는다.

- 와이파이는 45분 무료가 기본! 무료 가입을 통해 1시간 반 무료이용이 가능하다.
모두 소진 시 8시간을 기다려야 풀리므로 유의할 것!
기기 별로 와이파이를 허가하기 때문에 유심을 갈아 끼워도 안된다.
커피숍에 와이파이가 있지만 사용불가이므로 와이파이를 꼭 필요한 순간부터 쓸 것.

- 공항은 대체로 깔끔하다.
세계 10대 공항 중 하나답게 사람이 굉장히 많고 인천공항과 다르게 복잡한 편이다.
공항물가는 비싸지 않은 편이다.

- 영국항공은 하루 한 번 오고 간다. 한국출발 10:55, 한국도착은 08:10.

- 영국까지는 11시간이 소요되는 장거리이므로 가급적 통로 쪽에 앉길 권한다.
기내에는 한국영화가 몇 개 있다.

- 10-20분 연착은 기본. 탑승하라는 방송을 안 하는 경우가 많으므로 대기 시 미리 게이트 앞에 앉아있는 것을 권한다.

☆☆
Tip!
모든 운행시간과 요금은 2014년 7월 기준이며, 변동될 수 있으니 출발하기 전 공식사이트에서 한 번 더 확인하면 좋을 것이다.

🌠 공항 교통수단

히드로 익스프레스
공항에서 시내까지 갈 수 있는가장 빠른 방법. 공항에서 런던 패딩턴역까지 이동하는 급행열차로 15분 정도면 시내까지 이동 할 수 있다. 15분간격으로 운행되며 1, 3, 5 터미널에서 탑승 할 수 있다.

히드로 익스프레스

요금 편도 21 GBP, 왕복 34 GBP
운행시간 공항 출발 05:12~23:48 (터미널 1, 3. 월~토 기준),
　　　　　 패딩턴역 출발 05:10~23:25, 15분 간격.
티켓 구매방법 인터넷 홈페이지(www.heathrowexpress.com), 공항 티켓 머신,
　　　　　　　　공항 인포메이션 센터

히드로 커넥트

공항에서 런던 패딩턴역까지 30분 정도 소요된다. 히드로 익스프레스 요금의 절반가격에 이용할 수 있다. 1,3,5 터미널에서 탑승 가능하다.

요금 편도 9.9 GBP, 왕복 19.8 GBP
운행시간 공항 출발 05:29~23:30 (터미널 1, 3, 월~목 기준). 매 시 27, 57분 출발

택시

공항에서 런던 시내까지 가장 편하게 이용할 수 있는 방법이지만 가장 비싸다. 공항에서 시내까지 30분 정도 소요되며 50GBP~60GBP 정도의 금액이 발생한다. 접근성이 좋아 3-4명의 일행일 경우 고민하지 않고 택시를 이용하는 것이 좋다. 한인택시들도 많으니 늦은 밤이나 이른 새벽에 예약 후 이용한다면 안전 할 것이다.

지하철

공항에서 런던 시내로 가는 가장 저렴한 방법. 공항 내 모든 터미널에서 운행한다. 공항에서 시내까지 도심 1존 기준 약 1시간이 소요되며 1존의 경우 5~7GBP정도, 오이스터 카드나 트래블 카드를 소지했다면 더 저렴하게 이동할 수 있다. 영국에서는 피크타임에는 가격이 더 비싸지니 피크타임을 피해 구입하는 것을 추천한다.

요금 싱글티켓 5.7 GBP (도심 1존으로 갈 경우)
운행시간 공항 출발 05:29~23:30 (터미널 1, 3, 월~목 기준). 매시 27, 57분 출발
피크타임(Peak time, 16.4파운드)
월~금 06:30~09:30, 16:00~19:00
오프피크(Off-Peak, 8.9파운드)
평일 피크타임 외 토, 일, 공휴일 상시 구입 및 사용 가능

내셔널 익스프레스

공항에서 빅토리아역 까지 운행하는 직행버스. 런던 외 다른도시로도 이동이 가능하여 런던시내를 경유하지 않고 다른 도시로 향하는 여행자들이 많이 이용한다.

요금 6 GBP
운행시간 04:20 ~ 22:05

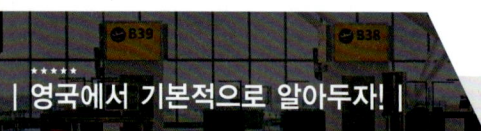

| 영국에서 기본적으로 알아두자! |

빨간 버스

런던의 상징. 런던에 방문한 사람들이라면 어김없이 남기는 사진 중 하나인 빨간버스. 누구나 한 번쯤은 이용하는 이 2층버스를 타면 런던아이, 빅벤 등 명소들을 더욱 운치 있게 만들어 줄 것이다. 현재는 대부분 신형으로 바뀌었지만 상징적인 의미에서 구형 빨간 버스를 다섯 대 정도 남겨두었다고 한다. 2층 맨 앞자리가 비었다면 뒤돌아보지 말고 가서 앉을 것!

환전

기차역이나 공항 내에서 쉽게 환전소,은행 등을 찾을 수 있다. 경유시 런던을 여행하는 경우 꼭 필요한 금액만 공항에서 환전하고 공항 밖으로 이동하여 환전하는 것을 추천한다. 국내에서 환전시에는 전국에서 환율이 가장 좋다는 서울역 기업은행을 방문해보자.(단, 한도 100만원)

Wi-fi

런던 도심에는 와이파이를 무료로 이용할 수 있는 곳이 많다. 카페,레스토랑 뿐만 아니라 대부분의 숙박업소에서도 이용가능하다. 런던 시내에서 무료 와이파이를 이용하려면 계정을 만들어야 하는데 인터넷 브라우저에 'Get online'이라는 문구를 클릭하여 'Freecloud wifi'를 누르면 이용하능하다. 불안하다면 선불 심카드를 사서 마음 편하게 이용해도 좋다.

선불 심카드 가격 15GBP, 25GBP, 35GBP

뮤지컬

깔끔한 복장. 신경쓴 복장으로 오페라를 관람하는 것이 예의! 여름 성수기 시즌을 피하면 현장에서 직접 티켓 구매할 수 있다.

티켓 예매

TKTS 가장 유명한 티켓판매처. 런던 시내 곳곳에 TKTS부스가 위치해 있어 다양한 공연티켓을 할인된 가격으로 구매할 수 있다. 유명 공연의 경우 할인율이 낮거나 티켓이 매진된 경우도 있다.
온라인예매 좋은 자리를 선점해야 할 경우 편리하다.
(http://www.ticketmaster.com)
극장예매 극장 현장판매처에는 유명 공연표가 당일 예매취소로 인해 풀리는 경우도 있다. 가장 저렴하게 티켓을 구입하는 방법이다.

화장실

런던에는 박물관의 천국답게 무료로 관람할 수 있는 박물관이 많다. 무료 박물관 안에 있는 화장실들도 역시 무료! 화장실이 급할 때는 어느 나라던지 맥도널드, 스타벅스 등의 화장실을 이용하는 센스를!

국제 학생증

런던의 경우에는 대부분의 박물관이 무료여서 많이 쓰이진 않겠지만 각종 공연,유스호스텔 등의 경우에도 쓰이니 꼭 지참할 것!
유럽에서 많이 쓰이는 국제 학생증은 ISIC이다. 외환,신한, 하나 은행 등에서 체크카드와 겸용으로 만들 수 있다. 수수료 14,000원. ISIC홈페이지에 접속하여 미리 신청서를 등록한 후 해당 발급처(은행)에 가서 발급받으면 된다. 영국에서는 맥도널드에 국제학생증을 제시하면 세트 주문시 치즈 버거가 공짜로 하나 제공된다고 하니 배낭여행자들은 꼭꼭 신청하자.

팁

영국여행에서 자칫 까먹기 쉬운 것이 팁 문화! 레스토랑에서, 택시에서, 객실 청소나 호텔의 짐꾼에게도 팁을 주는 것이 이 나라에서의 예의다. 청소부들에는 1유로 정도면 적당하지만, 레스토랑이나 택시 같은 서비스 이용 후에는 청구금액의 10%를 주는 것이 보통이니 참고할 것!

치안

영국의 치안은 좋은 편이다. 하지만 유명 관광지에서 도둑과 강도에 조심해야 한다. 특히 영어를 잘 모르는 동양인이 타겟이 되기 쉽다. 지나치게 친절을 베푸는 사람이나 경찰을 사칭하는 외국인을 조심하는 것이 좋다.

전압

영국은 전압 240v에 3구형 콘센트를 사용한다.
사전에 미리 멀티어댑터를 구매하여 사용해야 한다.
인천공항 내 로밍센터 이용시 무료로 1개씩 대여해주거나 5000원의 보증금을 받고 대여해주기도 한다.

입국 심사

영국의 입국심사는 철저하기로 소문이 나 있다. 경유를 이용해 런던을 둘러갈 여행자라면 기내에서 나누어주는 입국신고서를 착륙전에 미리 작성할 것! 입국심사시 여행자에게 불법 체류인지, 묵을 곳과 여행경비는 가지고 있는지를 주로 물어보기 때문에 영국에서 나가는 항공권을 꼭 지참하여 영국을 얼마 후에 나갈 것이라는 사실을 입증하면 된다. 그들이 묻는 질문에 밝은 모습으로 대답하면 더 빨리 끝나지 않을까?^^

예상질문

영국에 왜 왔나요? → 첫 번째로 가장 많이 물어보는 질문. Trip, Travelling이라고 이야기하면 OK!

얼마정도 영국에 체류할 건가요? → 1박 이내로 경유하는 여행자라면 one day라는 대답이면 충분하다. 영국의 관광비자는 최대 6개월이므로 6개월 내에서 영국에 머물 기간을 말하면 된다.

숙소가 어디입니까? → 예약한 숙소가 있다면 숙소이름을 대면 된다. 입국신고서에 쓴 곳의 스펠링이 틀렸다거나 하는 것은 걱정 안해도 된다.

영국에서의 여행 계획은? → 가장 막막해 할 수 있는 질문이지만 '하루 영국에 있다가 크로아티아로 갈 것이다' 이렇게 간단하게만 대답하면 된다.

여행경비는 충분히 소지하고 있나요? → 영국돈을 가지고 있지 않은 경우 Credit card를 소지하고 있다고 하면서 카드를 보여주면 된다.

출국항공권을 소지하고 있나요? → Yes라는 대답과 함께 영국출발 항공권 또는 리턴항공권을 보여주면 문제 없다.

법규

영국에서는 우리나라처럼 경범죄에 솜방망이 처벌로 그치는 경우가 없다. 공공장소에서의 음주,고성방가,흡연 등에 대해서는 높은 벌금을 부과한다.

음식

유럽의 여느나라와 비슷하게 영국의 음식도 우리에겐 짜게 느껴진다. 먹음직스러운 디저트 종류도 너무 달게 느껴질 수 있다. 음식을 먹기 전에는 꼭 'Less salt, Please'라고 외치는 것을 잊지 말자.

물

영국 뿐만 아니라 유럽 모든 곳의 물에는 석회성분이 들어있어 안전한 여행을 위해서라면 Mineral water를 구입하여 마시는 것이 좋다.

횡단 시 주의사항

우리나라와 차 운전대가 반대이다. 횡단보도를 건널 때에는 우리나라와 반대로 오른쪽을 보고 건너야 한다. 혼동하기 쉬우니 조심할 것!

∞ 런던 하루 정복!

추천코스 01

런던 탑(5분) ≫ 타워브리지(25분) ≫ 밀레니엄 브리지(10분) ≫ 세인트 폴 대성당(30분) ≫ 코벤트 가든(20분) ≫ 런던 아이(15분) ≫ 빅 벤 & 국회의사당

*도보로 1~2시간이면 돌아볼 수 있는 가장 대표적인 것들만 둘러보는 코스이다.

런던 탑

런던 탑까지는 버스, 지하철을 이용한다. 지하철 Tower Hill역에서 도보 5분 이내에 위치한다. 모든 여행객들이 꼭 들리는 곳으로 매우 붐빈다. 오후 5시에 문을 닫으므로 서두르는 것이 좋다.

밀레니엄 브리지

타워 브리지 아래로 내려와 길을 따라 쭉 30분 정도 걸으면 철골 구조의 보행자 전용 다리가 나오는데 이 다리를 밀레니엄 브리지 라고 부른다. 다리 앞 건물은 현대 미술품을 전시하는 '테이트 모던'이니 함께 보면 좋을 것이다.

세인트 폴 대성당

밀레니엄 브리지를 건너서 보이는 큰 돔 형태의 건축물. 돔 위에 올라가 런던의 전경을 꼭 바라볼 것.

타워 브릿지

런던 탑에서 보일 정도로 가깝게 위치해있다. 다리 아래의 거리에서 바라보는 모습이 인상적이다.

코벤트 가든

사람들이 항상 붐비는 곳으로 마켓과 숍들이 몰려있고 거리의 예술가들도 많아서 구경하기 좋다.

런던 아이

런던의 랜드마크라고 부를 수 있는 대관람차. 온라인 예매 시 조금 저렴한 가격에 탑승할 수 있다.

빅벤 & 국회의사당

최근 엘리자베스 타워(ElizabethTower)로 개명된 빅 벤(Big Ben)은 국회 의사당과 나란히 위치한 신고딕주의 양식의 시계탑이다. 높이는 100미터가 넘으며 분침만 해도 4미터가 넘는다.

∞ 런던 하루 정복!

추천코스 02

트라팔가 광장(5분) ≫ 내셔널 갤러리(10분) ≫ 피카딜리 서커스(5분) ≫ 리젠트 스트리트(10분) ≫ 옥스퍼드 스트리트(15분) ≫ 대영박물관

* 도보로 빠르게 둘러본다면 하루 만에 2개의 코스를 모두 둘러볼 수 있다.
대영박물관과 쇼핑거리들이 포함되어 있어 일일투어로 손색없는 코스다.

트라팔가 광장

내셔널 갤러리

리젠트 스트리트

빅벤에서 도보 10분 정도. 입구에 넬슨 기념탑이 높이 세워져 있고 네 마리의 사자가 탑을 지키는 형태를 띤다. 이곳은 런던의 가장 번화가인 코벤트 가든에 위치해 있으며 내셔널 갤러리 앞에 있어서 많은 사람들이 오고 가는 곳이기도 하다.
이곳에서는 와이파이가 무료이며 내셔널 갤러리에서는 식수대와 화장실을 무료로 이용할 수 있기 때문에 자유여행자에게는 정말 좋은 장소이다.

고흐, 쇠라, 터너 등 2,300여점의 작품을 소장하고 있는 갤러리.

피카딜리 서커스

TKTS를 비롯한 뮤지컬 티켓을 판매하는 매표소가 많이 들어서 있으며 런던에 왔다면 꼭 한 번 볼만한 코스 중 하나이다.

런던 로컬 브랜드부터 시작하여 명품, 홍차 샵 등 많은 상점이 자리한다.

대영 박물관

수 많은 작품을 소장하고 있는 영국의 대표 박물관. 입장료는 무료이니 마음껏 둘러볼 것!

옥스퍼드 스트리트

화려한 상점이 많은 쇼핑 거리

• MEMO •

DATE.

Thanks to

정임정, 진준호, 김지훈, 이윤희, 고기은, 이상혁,
문예지, 최규형, 이정훈, 변기영, 이상준, 김민경,
이유경, 임해창, 홍진우, 김선우, 이승원, 장윤정,
이선혜, 김은빈, 김다은, 주민수, 박도형, 김승훈

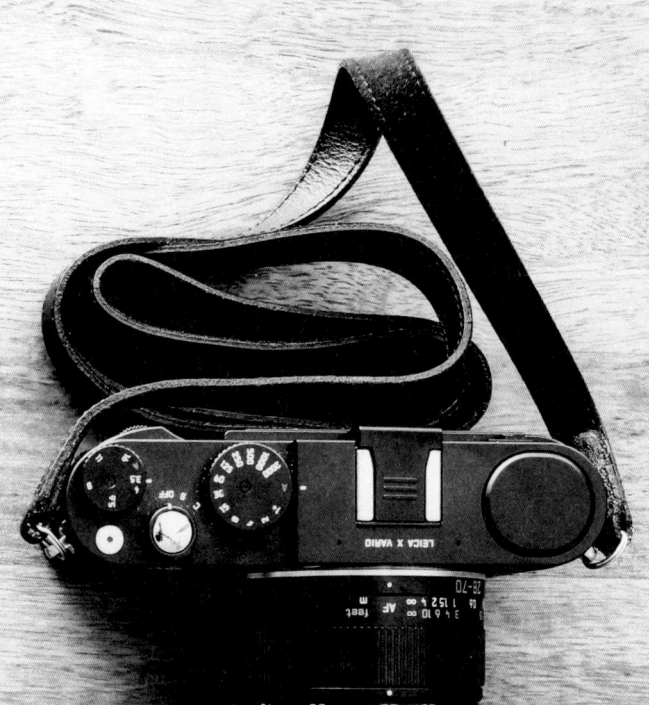

자그레브에서 떠나는 **1일투어!**

24시간안에 즐길만큼 즐기자!
플리트비체 1일투어

+ 투어가격

2명 출발(비/성수기): 100/110유로
3명 출발(비/성수기): 90/100유로
4명 출발(비/성수기): 80/90유로

플리트비체 | Plitvice |
크로아티아 환상의 숲, 죽기전에 꼭 봐야하는 절경

영화 '아바타' 배경의 모티브가 된 플리트비체는 크로아티아 내에서 뿐 만 아니라 전세계적으로도 수려한 풍경을 자랑한다.

죽기 전에 꼭 봐야 하는 절경, 유럽의 마지막 나원 등 수많은 수식어가 따라다니는 플리트비체는 아름다운 호수와 청량감있는 폭포, 그리고 푸르른 나무들과 함께 많은 여행자들을 기다리고 있다.

라스토케 | Rastoke |
아름다운 동화같은 마을

라스토케는 '꽃보다 누나'에서도 방영되었던 크로아티아 내에서도 손꼽히는 아름다운 동화같은 마을이다.

주민들이 전통적인 집에서 살아가면서 전통방식으로 생활을 이어나가기 때문에 다른 곳에서는 느낄 수 없는 이색적인 체험을 하게 될 것이다.

작고 아기자기한 마을 사이로 흐르는 작은 폭포수들과 시냇물이 마치 동화 속에 있는 것 같은 착각을 불러 일으킨다.

여행일정
자그레브출발 》 라스토케 》 플리트비체

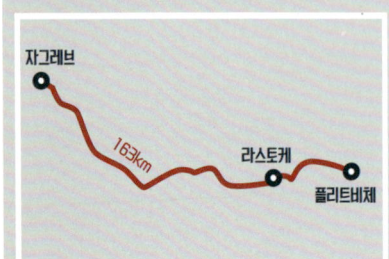

Schedule

01 아침식사 후 8시 30분 ~ 9시 사이 출발!

02 라스토케 방문 후 플리트 비체로 이동!

03 플리트비체 도착 후 간단한 점심 식사

04 관광 후 자그레브로 복귀 (7시반 도착예정)

*플리트비체에서 자그레브로 오지 않고 버스를 타고 바로 자다르,스플리트로 갈 수도 있다.

24시간안에 볼 건 다본다!

> 자그레브에서 떠나는 **1일투어!**

슬로베니아
블레드성 1일투어

+ 투어가격
2명 출발(비/성수기): 150/160유로
3명 출발(비/성수기): 140/150유로
4명 출발(비/성수기): 130/140유로

블레드호수 & 성 | Bled Lake & Castle |
북한의 김일성이 사랑에 빠진 호수& 성

슬로베니아, 그리고 동유럽을 방문하는 여행자들이 가장 많이 들리는 곳. 북한 김일성이 해외 순방차 슬로베니아에 왔다가 이 곳에 반해 더 머무르기 위해 일정을 바꿨을 정도로 아름다운 풍경이 있는 곳이다.
알프스의 웅장한 산들로 둘러쌓인 이 곳은 사계절마다 각양각색의 아름다움을 뽐낸다. 호수의 아름다움을 가장 잘 느낄 수 있는 방법은 블레드 성에 올라가는 것인데 동화에서나 나올법한 느낌을 느낄 수 있어 늘 방문객의 발길이 끊이지 않는다.

여행일정
자그레브출발 》 포스토이나 동굴
》 블레드 호수 & 성

예약문의
www.lovecroatia.co.kr
카카오톡 jjmmss4174

포스토이나 동굴 | postojna cave |
세계에서 2번째로 큰 종유동굴!

길이가 20,570m에 달하는 세계에서 두 번째로 긴 카르스트 동굴이다.
수백만 년에 걸친 석회암의 용식으로 생긴 희귀한 종유석과 석순의 경이로움과 거대함에 말을 잃게 되는 곳이다. "가장 경이적인 자연미술관"이라고 칭할 만큼 하루 평균 1만여명이 다녀갈 정도로 슬로베니아의 대표 관광명소가 되었다. 인간과 비슷하게 생긴 인간물고기와 10,000여명을 수용할 수 있는 거대한 연주홀이 유명하다.

Schedule
01 AM07:30 숙소(자그레브)에서 출발!
02 AM09:40 포스토이나 동굴 도착! (10시입장)
03 PM01:00까지 동굴 관광 후 식사 (불포함)
04 PM02:30 - 05:00 블레드호수 도착 후 관광!
05 PM07:00 자그레브 숙소 도착

*현지 상황에 따라 일정이 변동 될 수 있다.

자그레브에서 떠나는 **크로아티아!**

7박8일동안 크로아티아를 다보자!
크로아티아 7박8일 일주!

+ 투어가격

www.lovecroatia.co.kr으로 문의

크로아티아 일주 경로

자그레브 》 스플리트 》 흐바르 》 두브로브니크

크로아티아
7박 8일 일주 경로

주요 관광지

크로아티아의 첫 관문, 수도!
자그레브(Zagreb)

황제의 도시
스플리트(Split)

바다 한 가운데 중세마을, 평화의 섬
흐바르 섬(Island Hvar)

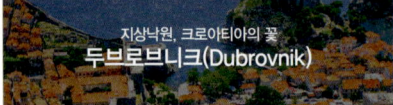
지상낙원, 크로아티아의 꽃
두브로브니크(Dubrovnik)

세부일정 안내

● 1일차 : 자그레브 시내투어

- 반 옐라치치 광장
- 자그레브 대성당
- 돌라치 시장
- 녹투르노 거리
- 넥타이 가게
- 돌의 문
- 성 마가 교회
- 우스피냐차

● 2일차 : 플리트비체 투어

- 라스토케
- 플리트비체 국립공원

● 3일차 : 스플리트 시내투어

- 그레고리우스 닌의 동상
- 디오클레티아누스 궁전
- 성 도미니우스 대성당
- 열주광장
- 리바거리
- 마르얀 언덕 전망대

세부일정 안내

○ **4일차 : 흐바르 + 트로기르 투어**

- 흐바르 자유관광
- 트로기르 관광
  성 로렌스 대 성당
  성 니콜라스 수도원
  카메르렝고 요새

○ **5일차 : 두브로브니크 시내투어(성벽투어+케이블카)**

- 성벽투어 + 스르지산 케이블카
- 스트라 둔
- 수도원 박물관
- 두브로브니크 대성당
- 크네베브 궁전

○ **6일차 : 로크룸 섬 자유투어**

- 로크룸 섬 자유투어
- 오후 일정 자유

○ **7일차 : 차브타트 투어 + 자유관광**

- 차브타트 투어(해수욕 포함)
- 자유관광

추가 옵션 안내

**곳곳에 숨어있는
관광지도 한 번에 다 보자!**

슬로베니아 투어

크르카 투어

몬테네그로 투어

추가 구성된 1일 투어를 신청하시면
크로아티아 7박 8일 일주 투어에 1박이 추가되어
총 8박 9일 여행으로 진행됩니다.

More Information

세부 일정은 현지 사항에 따라
달라질 수 있으며
가격은 홈페이지를 참고 바랍니다.

더욱 자세한 정보는
www.lovecroatia.co.kr에서
참고해주시기 바랍니다

6박 7일동안 요트타고 여행하자!

버킷리스트에 꼭 추가해야될!
KOREAN YACHT WEEK!

+ 투어가격
2명 출발: 90유로
3명 출발: 80유로
4명 출발: 70유로

Yacht week 일주 경로

스플리트 》 흐바르 》 비스 》 브라치 》 스플리트 》
두브로브니크 》 두브로브니크

세부일정 안내

1일차 : 스플리트 시내관광

- 리바거리
- 그리고레우스 닌 동상
- 맥주와 함께 야경 감상

주요 관광지

황제의 도시 스플리트(Split)

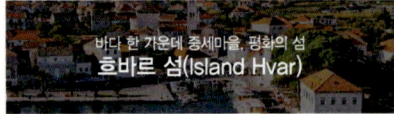
바다 한 가운데 중세마을, 평화의 섬 흐바르 섬(Island Hvar)

숨겨진 크로아티아의 보물 비스 섬(Island Vis)

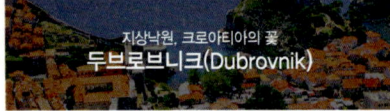
지상낙원, 크로아티아의 꽃 두브로브니크(Dubrovnik)

2일차 : 흐바르섬 (Island Hvar)

- 요트 세일링
- Carpe diem클럽 클러빙
- Hvar해변 free-swimiming

3일차 : 흐바르섬 (Island Hvar)

- 스카이다이빙, 스노클링
- Hvar해변 free-swimming
- 흐바르타운 자유관광

세부일정 안내

◦ 1일차 : 스플리트 시내관광

- Submarine base 다이빙
- Green cave 다이빙
- Vis town 자유관광

◦ 5일차 : 브라치섬 (Island Brac)

- 요트세일링
- Zlatni rat 해변탐방

◦ 6일차 : 두브로브닉 (Dubrovnik)

- 제트스키 등 액티비티
- 올드타운 자유관광
- 작별 맥주 파티

◦ 7일차 : 두브로브닉 (Dubrovnik)

- 간단한 기념품 구매 등 관광
- 귀국 준비 후 귀국 비행기 탑승

2015 Yacht Week in Croatia에 참가하세요!

More Information

세부 일정은 현지 사항에 따라
달라질 수 있으며
가격은 홈페이지를 참고 바랍니다.

더욱 자세한 정보는
www.lovecroatia.co.kr에서
참고해주시기 바랍니다

두브로브니크에서 떠나는 **1일투어!**

검은 숲 속의 깊은 평화, 24시간만에 즐기자!
몬테네그로 1일투어

+ 투어가격
성수기 80유로 | 비수기 70유로

코토르 | Kotor |
검은 숲 속의 깊은 평화, 산과 바다의 창조

부드바 | Budva |
아름다운 해안과 지중해풍 건축물로 유명한 도시

조지 버나드쇼가 "내가 천국에 있는 것인가, 달나라에 와 있는 것인가?"라고 감탄했던 곳.
몬테네그로의 해안도시이자 세계문화유산으로 지정되어 있는 곳이다.
두브로브니크의 축소판 같이 작은 마을이지만 경이롭고 황홀한 자연의 유혹에 넋을 잃을 만한 곳이다. 끝없이 이어진 산과 절벽, 그리고 잔잔한 바다의 절경을 누리고 싶다면 이 곳에 가 보자. 잊지 못할 추억이 될 것이다.

'검은 산'이라는 뜻을 가진 몬테네그로의 아름다운 마을이다. 아름다운 모래해안과 지중해풍 건축물로 유명하며 몬테네그로의 빼놓을 수 없는 대표 여행지이기도 하다. 성벽을 걷다보면 나오는 고급요트 정박지의 모습은 프랑스의 '니스'에 온 것 같은 착각을 불러일으킨다. 평화롭고 한적한 휴양지로 유럽여행자들에게 알려져 있다.

여행일정

두브로브니크출발 》 코토르 》 부드바

Schedule

01 AM09:00 두브로브니크 출발!

02 AM11:00 코토르 도착, 자유관광(+점심)

03 PM14:00 코토르 출발!

04 PM14:30 부드바도착, 자유관광!

05 PM17:00 부드바 출발

06 PM19:15 두브로브니크 도착

*현지 사정에 따라 일정은 유동적일 수 있습니다.

사진으로 봤던 두브로브니크의 광경을 찾아라!
스르지산 투어

+ 투어가격
15유로

두브로브니크를 사방으로 즐길 수 있는 진짜 뷰포인트들은 어디?

알고있는가? 여러분이 상상해왔던, 여러분이 기억하는 두브로브니크는 케이블카를 이용해서
볼 수 있는 모습이 아니라는 것을!
러브크로아티아가 알려주는 최고의 뷰포인트!
'두브로브니크 최고의 전경'을 함께해보자.
바람이 불면 케이블카의 탑승은 금지된다. 걸어서 올라가겠는가?

여행일정

올드타운 출발 》 스르지산 뷰포인트 》 정상

Schedule

01 AM 10:00 – 11:00
02 AM 11:30 – 12:30
03 PM 13:00 – 14:00
04 PM 14:30 – 15:30
05 PM 16:00 – 17:00
06 PM 17:30 – 18:30

More Information

세부 일정은 현지 사항에 따라
달라질 수 있으며
가격은 홈페이지를 참고 바랍니다.
더욱 자세한 정보는
www.lovecroatia.co.kr에서
참고해주시기 바랍니다

두브로브니크 근교 야경투어!
챠브타트 야경투어

+ 투어가격
15유로

챠브타트

인구가 1,500명에 불과한 두브로브니크에서 남동쪽으로 15km 떨어진 휴양도시!
두브로브니크의 원조격인 조그만 마을 챠브타트.
아름다운 항구와 해변, 아기자기한 도시 그리고 그 뒤로 동화 속에 나올 법한 언덕이 한곳에
어우러져 있는 이 곳에서 잊을 수 없는 밤하늘을 담아보자!

여행일정

두브로브니크 출발 》 챠브타트

Schedule

01 저녁식사 후 PM 8:30~9시 사이 출발!
02 챠브타트 해안가 야경 감상
03 챠브타트 시내 감상
04 관광 후 두브로브니크로 복귀(11시 예정)

*보다 멋진 야경사진 촬영을 위해서는 삼각대가 필요합니다. 있으신 분들은 카메라와 삼각대를 꼭! 지참해주세요.

More Information

세부 일정은 현지 사항에 따라
달라질 수 있으며
가격은 홈페이지를 참고 바랍니다.
더욱 자세한 정보는
www.lovecroatia.co.kr에서
참고해주시기 바랍니다

발칸의 화약고, 내전의 아픔을 느껴본다!
모스타르 투어

+ 투어가격
2명 출발: 100유로
3명 출발: 90유로
4명 출발: 80유로

모스타르

한 도시에 여러개의 종교와 민족들이 혼재해 있어 '발칸의 화약고'라고 불린 수많은 내전을 겪은 보스니아의 역사적인 도시! 내전이 끝난지 수십년이 흘렀지만 곳곳에 총탄흔적과 무덤 등 내전의 상처를 느낄 수있다. 역사적으로는 많은 아픔이 있었지만 아름다운 청록색 물빛과 아기자기한 자연 속 마을의 분위기는 많은 여행자들을 사로잡기에 충분하다.

여행일정

두브로브니크 출발 》 모스타르

Schedule

- 01 AM 9:00 두브로브니크 출발
- 02 AM 11:00 모스타르 도착. 시내구경 90분
- 03 PM 12:30 점심식사
- 04 PM 13:30 자유관람
- 05 PM 15:00 모스타르 출발
- 06 PM 17:00 두브로브니크 도착. 투어종료

More Information

세부 일정은 현지 사항에 따라
달라질 수 있으며
가격은 홈페이지를 참고 바랍니다.
더욱 자세한 정보는
www.lovecroatia.co.kr에서
참고해주시기 바랍니다

• MEMO •

DATE.

자신있게 추천해드리는
한인 게스트하우스!

러브크로아티아
; LoveCroatia Guest House

LOVE CROATIA
[GUESTHOUSE]

문의 카카오톡ID :
jjmmss4174
(현지에서 직접
답변해드립니다)

안녕하세요. 러브크로아티아 입니다.
저희 러브크로아티아는 크로아티아 자그레브, 두브로브니크,
스플리트, 코르츌라 등 크로아티아 각지에 게스트하우스와
한식당을 운영하고 있는 배낭여행자들을 위한
젊은감각의 여행체인입니다.

러브크로아티아 게스트하우스는
한국인의 정서를 고려한 게스트하
우스로서 유쾌한 사람들과 엄마밥
같은 맛있는 한식서비스를 제공하
고 있습니다.

여행을 좋아하는 저희 스텝들은
힘들고 지친 여행자들의 마음을
100%이해하여 게스트하우스의 안
락함과 쾌적함, 친절한 서비스를
최우선으로 생각하고 있습니다.

러브크로아티아 자그레브점
;LoveCroatia Guest House in Zagreb

★★★★★

이용정보

체크인: 13:00
체크아웃: 11:00
조식시간(한식): 08:00 – 09:00
청소시간 09:00 – 14:00

주변 관광지 정보

+ 반엘라치치광장 (도보 4분)
+ 돌라츠 시장 (도보 5분)
+ 자그레브 성 마르코 성당 (도보 5분)
+ 자그레브 대성당 (도보 6분)

객실정보

5인 도미토리 1개
4인 도미토리 4개
2인실(트윈베드)
4인실(더블베드 2개+화장실)

부가서비스

휴게실, 바, 개인사물함
TV, 헤어드라이기, 다리미, 게스트부엌사용
한국으로 국제전화 무료
인터넷사용(컴퓨터 & Wifi & 프린트 사용)
체크인–아웃 전/후 짐보관 가능
주차가능(유료)
공항픽업(유료)

문의

카카오톡 ID jjmmss4174
현지번호 +385 – 91 – 934 – 6191
한국번호 070 – 4814 – 4628

찾아오시는 길

주소 10000, Zagreb Mesnicka ulica 5
러브 크로아티아는 자그레브 공항에서 멀지 않은 곳에 위치합니다.
자그레브중앙부의 '반엘라치치 광장'에서 도보로 5분 정도의 거리에 있습니다.

러브크로아티아 두브로브니크점
;LoveCroatia Guest house in Dubrovnik

★ ★ ★ ★ ★

이용정보
체크인: 13:00
체크아웃: 11:00
청소시간 09:00 – 13:00

주변 관광지 정보
+ 케이블카 승강장 (도보 5초)
+ 올드타운 (도보 3분)
+ 반예해변 (도보 7분)
+ 공항버스 승강장 (도보 5초)

객실정보
도미토리 6개
2인실 2개
패밀리룸 2개
스위트룸 2개
(각 방에 개별욕실 있음)

부가서비스
휴게실, 바, 주방
TV, 헤어드라이기, 다리미
인터넷사용 (컴퓨터 & Wifi)
체크인-아웃 전/후 짐보관 가능
주차가능 (유료)
공항픽업 (유료)

문의
메일   ceo@todpop.co.kr
현지번호   +385 – 91 – 6200 – 873
한국번호   070 – 4814 – 1569

찾아오시는 길
주소 Cavtatska 15, Dubrovnik

러브크로아티아 두브로브니크점은 공항에서 공항버스를 탑승하고 첫 정거장인 케이블카 승강장에 내리시면 바로 옆에 위치해 있습니다. 버스터미널, 페리터미널에서는 8번버스를 타고 케이블카 승강장에 내리시면 됩니다.

러브크로아티아 스플리트점
;LoveCroatia Guesthouse in Split

★ ★ ★ ★ ★

이용정보
체크인: 13:00
체크아웃: 11:00
조식시간(한식): 08:00 - 09:00
청소시간 09:00 - 14:00

주변 관광지 정보
+ 버스,페리터미널 (도보 5분)
+ 리바거리 (도보 10분 내)
+ 브라체비체 해 (도보 1분 내)

객실정보
도미토리 3개
2인실 1개
3인실 1개
스위트룸 1개

부가서비스
휴게실, 바, 주방
TV, 헤어드라이기, 다리미
인터넷사용 (컴퓨터 & Wifi)
체크인-아웃 전/후 짐보관 가능
주차가능 (유료)
공항픽업 (유료)

문의
카카오톡 ID jjmmss4174
현지번호 +385 - 91 - 934 - 6191
한국번호 070 - 4814 - 4628

찾아오시는 길
주소 Preradovića Šetalište 15, Split

러브크로아티아 스플리트점은 페리,버스터미널에서 도보로 5분 내 거리에 위치해 있습니다. 바로 앞에 브라체비체 해변이 있어 해수욕을 즐기기에 좋으며 바다 앞에 위치하여 잊지 못할 광경을 볼 수 있는 곳이기도 합니다.

러브크로아티아 코르츌라점
;LoveCroatia Guesthouse in Korcula

★ ★ ★ ★ ★

이용정보
체크인: 13:00
체크아웃: 11:00
청소시간 09:00 – 13:00

주변 관광지 정보
+ 항구 (도보 3초)
+ 마르코폴로 생가 (도보 1분)
+ 성 마르크 성당 (도보 10초 내)

객실정보
도미토리
개인실

부가서비스
휴게실, 바, 주방
TV, 헤어드라이기, 다리미
인터넷사용 (컴퓨터 & Wifi)
체크인–아웃 전/후 짐보관 가능
주차가능 (유료)
공항픽업 (유료)

문의
메일   ceo@todpop.co.kr
현지번호   +385 – 91 – 934 – 6191
한국번호   070 – 4814 – 1569

찾아오시는 길
주소 Trg Svetog Marka, Korcula

러브크로아티아 코르츌라점은 항구에서 도보로 5분 내 거리에 위치해 있습니다. 코 앞에 성 마르크 성당, 마르코폴로 생가 등 주요 관광지들이 밀집해 있어 여행하기에 최적의 조건을 갖추고 있습니다.

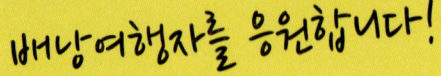
배낭여행자를 응원합니다!

The Grand
DUTY FREE

그랜드 인터넷면세점
10,000원 적립금을 드립니다.

그랜드 인터넷면세점 적립금
₩**10,000**
www.granddfs.com

GRAND COUPON

다양한
크로아티아 여행을 만나는 법

다양한 여행사의 크로아티아 상품을
한 번에 만날 수 있습니다.
여러분의 여행후기를 상품으로 만들 수 있습니다.

좋은 여행을 찾고, 나누는 즐거움! LAONTRIP   www.laontrip.com

The Grand
DUTY FREE

■ 그랜드 인터넷면세점 적립금 사용방법
- www.granddfs.com으로 접속하셔서 검색창에 "러브크로아티아1"를 검색하시면 적립금 이벤트 페이지로 접속하실 수 있습니다.
- 회원가입시 사용가능하며, 아이디당 1회 가능합니다.
- 적립금 유효기간은 발급일로부터 1개월입니다.
- 적립금은 결제금액의 최대 30%까지만 사용 가능합니다.
- 적립금은 인터넷 주문시에만 사용 가능합니다.
- 일부 특가행사에 한해 적립금 사용이 제한될 수 있습니다.

■ 궁금하신 점은 아래 고객센터로 연락부탁드립니다.
☎ 그랜드인터넷면세점 고객센터 : 1800-1160

전세계 배낭여행자들의 **필수품!**
에스크로스 여행용 멀티 어댑터

40% OFF COUPON ₩55000 ↓ ₩33000

| 할인받는법 | 1800-8601로 전화하셔서
'러브크로아티아' 가이드북 통해서 구입한다고 말씀해주세요!

World Adapter EVO USB 2100mA

당신의 크로아티아 이야기,
빙글에서 들려주세요.

www.vingle.net

크로아티아로 떠나는
여행가를 위한 감성 여행용품샵

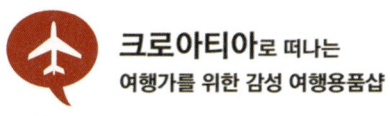

TRAVEL PLAN
WWW.TRAVEL-PLAN.CO.KR

10% 할인 쿠폰
(전상품 렌트+구매 사용가능)

스마트한 여행용품 렌탈
Rentravel

쿠폰번호: RDPBYNR8V3

- 결제수단: 사용제한 없음
- 유효기간: 쿠폰발급일 기준 90일
- 보증금 결제시 사용불가!
- 로그인 후 렌트래블 홈페이지 우측 상단에 쿠폰등록 후 사용하시면 됩니다!
- 렌탈예약은 재고사정에 따라서 불가할 수도 있습니다!

| STOPBOOK

내 생애 최고의 순간,
스탑북으로 오래도록 간직하자!!

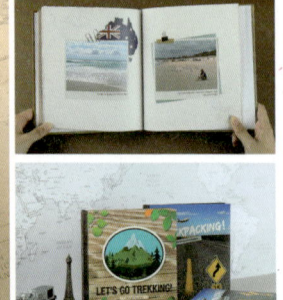

시간은 변하지만 사진은 변하지 않는다. 그 동안 사진을 찍기에 바빴다면, 이제는 사진을 정리하고 보관하는 것에 공을 들일 차례다. 보다 쉽게, 편하게, 저렴하게, 나만의 사진첩을 만들 수 있는 방법이 바로 여기 있다.

스탑북은 개인의 스토리를 담아 원하는 디자인으로 사진을 편집할 수 있는 서비스다. 온라인 상의 편집프로그램을 이용해 직접 사진을 배치하고 글을 써 넣어 자신만의 사진책을 만들 수 있다. 뿐만 아니라 20여 개의 테마와 총 250여 종의 다양한 디자인 레이아웃으로 차별을 꾀할 수 있어 재미와 개성을 추구하는 이들에게도 안성맞춤이다.

스탑북은 뛰어난 퀄리티와 합리적인 가격으로 소비자의 선호와 지지를 받고 있다. 대한민국 대표 브랜드 대상에서 포토북 분야 최초 수상을 기록한 것이 그 일례다.

여행의 감동, '여행북'으로 간직하자

여행의 추억을 오래 기억하고 싶다면 이미 그 진가를 인정받은 스탑북의 여행북은 어떨까? 스탑북 전문 디자이너가 마련한 여행 테마 레이아웃이나 세계 도시 시리즈 테마를 이용해 보자.

스탑북 10% 할인 쿠폰

B157-EDFE-0183-FCB8
홈페이지 접속 후 마이페이지 ▶ 할인쿠폰에 등록 후 사용

자세한 사항은 스탑북 홈페이지를 참조해 주세요.
www.stopbook.com 전화문의 080-860-1119

여행에 미치다
크로아티아 여행기가 궁금해?
페이스북 No.1 여행 페이지

여행을 준비하는 설레임,
여행을 추억하는 두근거림 :)

네이버에서 퐁당유럽을 검색하세요!

퐁당유럽 ▼

집밥

'크로아티아 여행 준비하니?!
집밥에서 뭉쳐'

www.zipbob.net

전세계 한인숙소 예약 No.1

민박다나와

Minbak danawa
www.minbakdanawa.com

<한 여름빵, 아드리아해를 거닐다>
크로아티아 7박9일 2,296,300원 (유류할증료 포함)

풍경을 지나
삶 속으로
걸어 들어가다

다시 그리는 여행지도
트래블러스맵

패키지 여행 | 자유 맞춤 여행 | 허니문 | 볼런투어 | 교육 여행

Travelers' MAP

(주)트래블러스맵은 자연에는 최소의 영향, 지역에는 최선의 기여,
여행자에게는 최고의 기회를 제공하여 여행을 만듭니다

02.2068.2799

• MEMO •

DATE.

• MEMO •

DATE.

초판 1쇄	2015년 3월 31일
제작	러브크로아티아
기획	김은총
발행인	김재홍
편집팀	박상아, 고은비, 안리라
마케팅	이연실
발행처	도서출판 지식공감
등록번호	제396-2012-000018호
주소	경기도 고양시 일산동구 견달산로225번길 112
전화	02-3141-2700
팩스	02-322-3089
홈페이지	www.bookdaum.com
가격	10,000원
ISBN	979-11-5622-080-0 13980
CIP제어번호	CIP2015006101

이 도서의 국립중앙도서관 출판시 도서목록(CIP)은 e-CIP 홈페이지(http://www.nl.go.kr/ecip)에서 이용하실 수 있습니다.

ⓒ 러브크로아티아 2015, Printed in Korea.

- 이 책은 저작권법에 따라 보호받는 저작물이므로 무단전재와 무단복제를 금지하며, 이 책 내용의 전부 또는 일부를 이용하려면 반드시 저작권자와 도서출판 지식공감의 서면 동의를 받아야 합니다.
- 파본이나 잘못된 책은 구입처에서 교환해 드립니다.
- '지식공감 지식기부실천' 도서출판 지식공감은 창립일로부터 모든 발행 도서의 2%를 '지식기부 실천'으로 조성하여 전국 중·고등학교 도서관에 기부를 실천합니다. 도서출판 지식공감의 모든 발행 도서는 2%의 기부실천을 계속할 것입니다.